SU RELACIÓN CON DIOS

SU
RELACIÓN
CON DIOS

Dr. Gary Smalley

TYNDALE HOUSE PUBLISHERS, INC., CAROL STREAM, ILLINOIS

Visite la emocionante página de Tyndale: www.tyndale.com

TYNDALE y la pluma del logotipo de Tyndale son marcas registradas de Tyndale House Publishers, Inc.

Su Relación con Dios

© 2006 por Smalley Publishing Group LLC. Todos los derechos reservados.

Fotografía © por Paul A. Souders. Todos los derechos reservados.

Fotografía del autor © por Jim Lersch. Todos los derechos reservados.

Diseño: Jennifer Ghionzoli

Edición del inglés: David Lindstedt

Traducción al español: Julio Vidal

Edición del español: Mafalda E. Novella

Publicado en asociación con la agencia literaria Alive Communications, Inc., 7680 Goddard Street, Suite 200, Colorado Springs, CO 80920.

Versículos bíblicos sin otra indicación han sido tomados de *La Nueva Versión Internacional* de la Biblia ® NVI® © 1973, 1978, 1984 por la Sociedad Bíblica Internacional. Usada con permiso de Zondervan. Todos los derechos reservados.

Library of Congress Cataloging-in-Publication Data

Smalley, Gary.
    [Your relationship with God. Spanish]
    Su relación con Dios / Gary Smalley.
      p. cm.
    Includes index.
    ISBN-13: 978-1-4143-1286-6 (sc)
    ISBN-10: 1-4143-1286-5 (sc)
    1. Spirituality.   I. Title.
BV4501.3.S6318 2007
248.4—dc22
                                      2006021909

Impreso en los Estados Unidos de América

12   11   10   09   08   07   06
7   6   5   4   3   2   1

DEDICATORIA

Dedico este libro a mi hijo menor, Michael Thomas Smalley. Michael me brinda apoyo, gozo e inspiración. Lo más maravilloso es que él me donó uno de sus riñones a fin de que yo pudiera seguir viviendo una vida que honre a Dios.

CONTENIDOS

AGRADECIMIENTOS

Agradezco a Dios que mi relación con Él ha sido restablecida a un nivel que nunca antes había disfrutado. ¡Él merece muchísimo más que mi alabanza!

Gracias infinitas para mi equipo de escritores: Terry Brown, Ted Cunningham y Sue Parks. Disfrutamos llevando a cabo este proyecto. Y a mi esposa, Norma, mi más grande apoyo durante todos mis compromisos como orador, como escritor así como también durante los momentos difíciles. Ella es un regalo de Dios. También agradezco a todo el equipo de Tyndale, incluyendo a nuestro líder, Jon Farrar; al editor y maravilloso colaborador Dave Lindstedt; a la diseñadora Jennifer Ghionzoli; a la gerente de mercadeo Maria Eriksen; y a la corregidora de estilo Joan Hutcheson.

PARTE 1
LA TOMA DE CONCIENCIA

CAMBIAR EL ÉXITO
EN DESASTRE

"¿Por qué *tanta* demora?" murmuraba enojado mientras esperaba que llegaran los médicos para comenzar mi operación de trasplante de riñón. Estaba acostado en una cama en la sala preoperatoria, vestido con una de esas maravillosas batas de hospital (usted sabe de qué se trata), la sala estaba bastante fría y las enfermeras iban de aquí para allá apresuradamente haciendo lo que las enfermeras hacen, esto es, no prestarme mucha atención. Estaba en una especie de tierra de nadie. Parecía como si mis talones se hubiesen estado enfriando por horas; la paciencia nunca ha sido uno de mis puntos fuertes. Todo lo que sabía era que tenía frío, estaba incómodo, atemorizado por el trasplante, y quería que todo acabara lo antes posible.

Lo que no sabía era que, en ese mismo momento, mi hijo Michael estaba luchando por su vida en la sala de al lado. Mientras los médicos extirpaban el riñón que Michael me donaba, uno de sus pulmones colapsó y su situación se tornó peligrosa. Mientras ellos trabajaban para estabilizar el estado de mi hijo, yo estaba en la sala de al lado refunfuñando y quejándome por la inconveniencia de tener que esperar.

Comencé con esta historia porque ejemplifica de muchas maneras una gran crisis en mi vida que había abarcado mi salud física, emocional y espiritual por años. No tuve la intención de terminar abstraído en mí mismo, enfermo físicamente, desequilibrado emocionalmente y aislado espiritualmente, pero eso es lo que ocurrió. Estaba enojado, impaciente, decepcionado y frustrado por un sin fin de cosas en mi vida. Estaba bajo una *tonelada* de estrés. En el trayecto, había dejado de confiar en Dios y había comenzado a apoyarme fuertemente en mi propio conocimiento y mis propios recursos. Los resultados fueron un enorme agotamiento espiritual, emocional y algunos problemas físicos muy serios.

Quiero compartir mi historia con usted porque he descubierto que la mayoría de la gente, de una manera u otra y en algún momento, se encuentra en circunstancias similares. Estaba harto, desgastado, frustrado y sin armonía con Dios. Talvez usted esté pasando por una lucha similar en su vida ahora mismo. Quizás también haya experimentado el gozo que proviene de tener una relación con Jesucristo. Entonces, a través de las ocupaciones de la vida y sintiéndose arrastrado en todas direcciones, ha perdido la orientación y se ha alejado del mejor plan de Dios para usted.

A decir verdad, todos somos susceptibles a andar sin rumbo. Hay muchas voces en nuestra cultura que compiten con la voz de Dios para atraer nuestra atención. Comenzamos a creer que necesitamos *más* para ser felices. Más poder. Más amor. Más sexo. Más comida. Más viajes. Más cosas. Estas voces se hacen más y más fuertes, y pronto ignoramos la voz de nuestro espíritu que clama: "¡No! no necesitamos más *cosas*; sólo necesitamos más de *Dios*". Como dijo Jesús: "porque ¿de qué le aprovechará al hombre ganar todo el mundo, si pierde su alma?"[1]

Puede suceder de repente o gradualmente. Si tenemos la guardia baja, podemos caer fácilmente presa de los caprichos del mundo. Conozco de primera mano lo que se siente al sucumbir a la tentación de desear más cosas, más dinero, mayor reconocimiento, mayor bienestar y más tiempo libre. Aunque conseguí casi todo lo que me propuse en cuanto a lo material, perdí la satisfacción de vivir y el deleite de las bendiciones de Dios por un período de aproximadamente diez años. Era infeliz y no estaba seguro si alguna vez podría recobrar el gozo que tuve alguna vez.

Afortunadamente, ese no es el final de la historia o no estaría escribiendo este libro. También quiero contarle de la renovación maravillosa que comenzó durante mi recuperación del trasplante de riñón, la cual continúa dando frutos en mi vida el día de hoy. Soy un hombre nuevo, con una perspectiva de la vida totalmente nueva. Durante este proceso de renovación, aprendí algunos principios importantes que creo que le ayudarán a avanzar hacia la renovación en su propia vida y en su relación con Dios.

Lo que sigue es la historia de cómo perdí de vista mi relación con Dios por un tiempo, y de cómo comencé a alejarme de Él, aun cuando sabía lo que era mejor, e incluso, aunque había estado enseñando sobre cómo tener relaciones exitosas durante casi toda mi carrera. Felizmente, ésta es también la historia de cómo fui despertado súbitamente para renovar mi relación con Dios.

Si esta fuese sólo mi propia historia de deambular lejos de Dios, podría ser de poca utilidad e interés, pero he visto los mismos principios —ya sean positivos o negativos— manifestados en las vidas de muchas de las personas que he aconsejado a lo largo de los años, en la gente que ha leído mis libros y asistido a mis seminarios. Mi esperanza es que si usted escucha la trama secreta de la historia —y el *resto* de la historia— podría inspirarle a acercarse a Dios y a experimentar la misma renovación y revitalización que he experimentado.

Al mirar hacia atrás, puedo ver cuan fácil fue apartarme de Dios. Talvez usted se apartó de una manera similar. La vida es ajetreada y se imponen muchas exigencias a nuestro tiempo. Fijamos nuestra atención en los detalles de la vida diaria y en cómo llegar a ser exitosos en lo que hacemos, ya sea criando una familia, dirigiendo una empresa o teniendo un empleo. Podríamos sufrir contratiempos o distraernos, y antes de darnos cuenta, habremos perdido el hábito de pasar tiempo con Dios regularmente y de leer su Palabra. Comenzamos a hacer cosas por nuestra cuenta, dedicándonos a nuestras propias metas y tomando decisiones basadas en nuestro interés propio. Aún así vamos a la iglesia y aparentamos tener una relación con Dios, pero al poco tiempo Él comienza a parecer bastante distante.

He aconsejado a bastante gente en los últimos treinta años como para saber que perder el rumbo es un problema común. No obstante, es embarazoso pensar en cuán lejos deambulé en realidad, antes de que Dios atrajera mi atención nuevamente. Después de todo, he estado en un seminario y servido en un equipo pastoral, y como muchos otros cristianos, he escuchado algunas de las mejores enseñanzas bíblicas que cualquiera hubiese podido escuchar. Pero aun con todo eso, no se necesitó mucho para que desviara mi atención de mi relación con Dios debido a las inquietudes y preocupaciones de la vida. El éxito mismo llegó a ser una distracción. El proceso fue tan gradual que no pude verlo tal como era —feo, pecaminoso y destructivo— hasta que fue casi demasiado tarde.

Cómo perdí el rumbo

Cuando comencé seriamente a ir en pos del llamado de Dios en mi vida, en las décadas de los sesenta y setenta, nunca soñé que encontraría eventualmente tal éxito. Aunque mi carrera tuvo un comienzo promisorio, uno de mis primeros trabajos en una organización ministerial, dio un giro desfavorable después de algunos años y terminó de mala manera, dejándome confundido y desanimado. Cuando dejé la organización, Norma y yo nos mudamos a Waco, Texas, donde llegué a ser pastor de familia en una iglesia. En este nuevo trabajo y entorno, sentí que Dios estaba renovando mi espíritu y sanando mis viejas heridas. Era como una bocanada de aire fresco. Sentí como si Cristo volvía a ser nuevamente el centro de mi vida. No todo era perfecto en Waco —cada situación tiene sus desafíos— pero me sentí renovado en mi relación con Dios y Él comenzó a bendecirme a mí y a mi trabajo.

Durante aquellos días, recuerdo que destinaba tiempo para orar cada día y lo hacía con tal enfoque e intensidad que creía que todo aquello por lo que oraba eventualmente sucedería de alguna manera. Mis oraciones estaban centradas en la gente y oraba con grandes resultados en mente. Tenía la energía para alcanzar a miles de personas para Cristo y para ayudar a miles de matrimonios. Al menos, esa era mi visión y creía que Dios deseaba usarme de esa manera.

Luego de haber estado en Waco por un año, recibí una llamada de mi buen amigo Steve Scott. Steve y su esposa habían asistido a uno de mis retiros de fin de semana para matrimonios y había vuelto a su casa con un renovado entusiasmo por su matrimonio.

> Tenía la energía para alcanzar a miles de personas para Cristo y para ayudar a miles de matrimonios porque creía que Dios deseaba usarme de esa manera.

"Gary", dijo, "tienes que escribir acerca de este asunto. ¿Has pensado alguna vez en escribir un libro acerca del matrimonio?"

Yo no sabía si tenía todo lo que se necesita para escribir un libro —el proceso de escritura y mi trastorno de déficit de atención no siempre son grandes amigos— pero había estado pensando en cómo podía expandir mi mensaje y alcanzar a más personas. Le pedí a Steve si podía orar conmigo acerca del asunto y él estuvo de acuerdo. Comenzamos a orar y en seis meses tuvimos un plan para escribir no sólo un libro sino dos, uno para hombres y otro para mujeres. Aunque yo no tenía un adiestramiento formal para escribir, Steve era un talentoso escritor publicitario. Trabajamos juntos y al año siguiente finalizamos los libros.

En 1979, mi iglesia me envió para que fuese un "misionero para el mundo" para ayudar a parejas, solteros y padres en sus relaciones. Daba seminarios dos veces por mes aproximadamente. A mediados de la década del 80, Norma y yo nos mudamos a Phoenix; yo había publicado algunos libros más, los cuales se estaban vendiendo bien; y el ministerio de las conferencias estaba despegando de verdad. Cambiamos el nombre de nuestra organización a Today's Family e incorporamos más personal para llevar nuestro ministerio a todo el país.

En 1988, Steve Scott y yo filmamos un anuncio comercial, presentado por Dick Clark, para vender videos de mis seminarios. Más tarde, actualizamos estos comerciales con la ayuda de John Tesh, Connie Selleca así como también Frank y Kathie Lee Gifford. Esta serie de videos vendió más de cuatro millones de copias.

El dinero comenzó a crear algunos puntos de presión en mi vida y en mis relaciones que luego causarían algunas fracturas serias.

Con la venta de todos estos videos y un constante flujo de ingresos por los derechos de autor de mis libros, se puede imaginar cuánto dinero teníamos para administrar ahora. Lo sé, suena como un magnífico problema para tener —y en muchas maneras lo fue— pero esto creó algunos puntos de presión en mi vida y en mis relaciones que luego causarían algunas fracturas serias.

Yo crecí en una familia muy pobre y nunca tuvimos mucho

dinero. Al principio de mi carrera, cuando era asistente de pastor, ganaba apenas lo suficiente como para mantener, mes tras mes, a mi esposa y mis tres hijos. Era feliz. Comenzaba mis días trotando por las mañanas, dedicando tiempo para agradecer a Dios por todas las bendiciones en mi vida. La vida era buena. Gozaba de buena salud, era exitoso y estaba entusiasmado con mi relación con Dios. Recuerdo específicamente que le decía que no necesitaba dinero, que todo lo que quería era amar a las personas y ministrarles.

Pero cuando el dinero comenzó a llegar a raudales, descubrí que estaba mal preparado para administrarlo. Nunca había aprendido nada acerca de ahorrar, invertir, dar o cualquier otra cosa relacionada con los negocios o las finanzas personales. Siempre había sido quien trataba de recaudar dinero para el ministerio; ahora otra gente venía a mí para que les ayudara financieramente.

La cantidad de dinero que ingresaba a nuestro ministerio cambiaba mes tras mes y yo no tenía la menor idea de cómo manejarlo. Pero no estaba preocupado. Creía que Dios estaba permitiendo que nuestro ministerio prosperara y que Él nos guiaría. Ciertamente no estaba preocupado por ser corrupto.

Aún recuerdo cuando estaba sentado con mi buen amigo Dave Cavan en su mesa de conferencias y le decía: "Dave, no te preocupes por mí. Mi relación con Cristo es tan estrecha que el dinero no tendrá el mismo efecto en mí del que podría haber tenido en el pasado". Pues bien, estaba equivocado. El dinero me controló. La Biblia nos advierte que no seamos ingenuos en creer que estamos por encima de caer en la tentación y el pecado. Yo era muy ingenuo.

> Creía que Dios estaba permitiendo que nuestro ministerio prosperara y que Él nos guiaría. Ciertamente no estaba preocupado por ser corrupto.

Allí estaba yo, con más dinero del que había visto jamás y un ministerio que sobrepasaba todos los límites en términos de crecimiento. Aun cuando mi pasión era el ministerio y no hacer mucho dinero, de buenas a primeras, el ministerio y el dinero estaban rogando que les prestara atención, y Dios estaba en alguna parte en el medio de los dos. Estaba empezando a desviar la atención de mi relación primaria por el simple volumen y el ritmo de la vida. ¿Le suena familiar?

Con el correr del tiempo, comencé a adquirir cosas; invertí en propiedades, automóviles nuevos, motos de nieve, una embarcación. Me dije a mí mismo que todas estas cosas eran para el deleite de mi familia, pero poder proporcionarles estas lindas cosas era sólo para satisfacer mi propio ego. Apenas cinco años antes, había enseñado acerca de los peligros del materialismo y de cómo las crecientes expectativas pueden causar estrés y destruir las relaciones. A pesar de eso allí estaba yo, ignorando las verdades de Dios al hacer las mismas cosas que yo había advertido.

Ahora entiendo más claramente por qué el dinero no trae más felicidad. Cuanto más tenemos, más controla lo que hacemos. Después de un tiempo, dejé de pedirle a Dios: "¿Es esto algo que tú quieres que tenga?" Si veía algo que quería, simplemente iba y lo compraba. A veces, ni siquiera le decía a Norma lo que planeaba hacer. Un clásico ejemplo de esto fue la vez que comencé la edificación de una nueva casa sin hablar con Norma acerca de ello.

Norma y yo decidimos mudarnos más cerca de nuestra actual oficina de ministerio en Branson, Missouri, algunos años atrás. Ya que nuestros hijos eran adultos y no vivían con nosotros (aunque todos vivían cerca en ese momento), decidimos que podíamos mudarnos a una casa más pequeña y ahorrar algo de dinero. Ya le habíamos comprado un lote a un amigo íntimo, de manera que ya teníamos la tierra, todo lo que necesitábamos era un plano. Norma me dijo que realmente quería esperar hasta vender la casa en la que vivíamos de manera que no estuviésemos en apuros financieros. Aun cuando recordé a Norma dándome esa sugerencia, comencé a soñar con el diseño de una casa que había visto en Filadelfia. La casa tenía muchos ladrillos y algo de estilo campestre Inglés. Creí que nada se perdería si me reunía con el constructor y, por lo menos, hablábamos de los planos preliminares. Cuando nos reunimos, me dijo que había construido una casa similar en California y que podíamos ahorrar mucho dinero. Sin consultar a Norma, le dije al constructor: "Sigamos adelante y comencemos, pero mantengámoslo en secreto".

Le mostré los diseños a Norma y estuvo de acuerdo con el estilo inglés, el tamaño y el plano de la planta. Lo que ella no sabía era que la casa ya estaba en construcción. Cuando me reuní con nuestro banquero, me dijo que todo lo que necesitaba para finalizar el trámite era la firma de mi esposa. Me di cuenta que no podía mantener en secreto mi sorpresa. Tenía que decirle.

Sin consultar a Norma, le dije al constructor "Sigamos adelante y comencemos, pero mantengámoslo en secreto".

Llevé a Norma a almorzar y le dije que quería compartirle algunas "noticias buenas" y algunas "noticias no tan buenas". Cuando me preguntó por las "noticias no tan buenas" primero, le dije que me había reunido con el constructor y que la construcción de la casa ya estaba en marcha.

Ella dejó de hablar. En el lenguaje de Norma eso significa:

"Amigo, estás en un serio problema". Aprovechando el silencio, agregué una pequeña presentación de ventas: "Pero hablé nuevamente con nuestro agente inmobiliario y dijo que tendríamos varias ofertas por nuestra casa en las primeras semanas de haberla puesto en venta.

Norma firmó los papeles finalmente, pero me dijo que no apreciaba mi pequeña sorpresa.

Tres semanas después, Norma me dijo, medio en broma medio en serio: "Gary, dijiste que tendríamos varias ofertas dentro de las primeras tres semanas y no hemos recibido ni una sola". Una vez más, Norma tenía razón.

Pasaron varios meses, y no recibimos ninguna oferta. A estas alturas, era hora de mudarnos a nuestro nuevo hogar. Aunque mudarnos a una nueva casa era algo emocionante y gratificante, el peso sobre nuestras espaldas —dos pagos hipotecarios mensuales— era exactamente lo que Norma me había sugerido que evitáramos. La sabiduría de su consejo se manifestó mes tras mes por *tres años*, que fue el tiempo que llevó vender nuestra vieja casa.

Gradual y sutilmente, estaba dependiendo menos de Dios y confiando más y más en mi propia sabiduría y entendimiento.

El dinero comenzó a controlar lo que hacía con mi tiempo, y no me gustaba. Yo disfrutaba disertando y escribiendo, no sentándome por horas para tratar de administrar todos los aspectos de la planificación financiera, construir, dar, ser justo con mis empleados y separar fondos para el crecimiento futuro.

Nuestro ministerio también estaba creciendo. Contratamos a más personas, compramos lo mejor y lo último en equipamiento y les dimos aumentos y bonificaciones a todos. Ninguna de estas cosas estaba mal en sí misma. Pero lo que estaba sucediendo era que estaba gradual y sutilmente dependiendo menos de Dios y confiando más y más en mi propia sabiduría y entendimiento. En ese entonces, todo parecía bueno: no solamente estábamos recibiendo mucho dinero, también estábamos entregándolo a ministerios y gente en necesidad.

Durante ese tiempo, comencé a desarrollar nuevas y mayores expectativas, las cuales incluían mucho más crecimiento. Crecimiento a nivel mundial. Con la capacidad financiera de hacer tantas cosas diferentes, nos preguntábamos a nosotros mismos constantemente: "¿Qué deberíamos hacer a continuación? ¿Cómo podemos mejorar esto? ¿Cómo podemos alcanzar a más gente?".

A medida que el ministerio crecía, pienso que di por hecho que todos trabajarían conjuntamente bien y serían felices. Y como mucha gente, esperaba que las bendiciones materiales agregarían una medida extra de felicidad a mi vida y mi trabajo. Esperaba que la vida fuera más gratificante. Pero en lugar de experimentar mayor gratificación, sentí que estaba constantemente agobiado por fechas límite y frustrado porque otra gente no era confiable para ayudarme a administrar mi dinero y mi ministerio. Si ellos no hacían las cosas lo suficientemente rápido o bien, o exactamente de la manera que quería que las hiciesen, me enojaba mucho. Mis acciones y palabras no siempre correspondían a las de un cristiano guiado por el Espíritu. Por lo general,

> A medida que el ministerio crecía, pienso que di por hecho que todos trabajarían conjuntamente bien y serían felices.

me expresaba a mí mismo quejándome, protestando y juzgando a otra gente. Estaba ignorando las verdades de Dios completamente, no estaba prestando atención a su Palabra.

En mi corazón, sabía que Dios había favorecido nuestro

ministerio y que no estábamos teniendo éxito por mis propios esfuerzos. Pero no tardaría mucho tiempo en olvidar esa verdad. Había orado por todas estas grandes oportunidades a lo largo de los años y ahora las puertas parecían abrirse automáticamente. Comencé a esperar que la vida siguiera mejorando y que se abrieran más y más puertas para el ministerio. También esperaba que la gente continuara respondiendo al mensaje y a mí, de la misma manera que siempre lo había hecho.

A lo largo de los años, mi ego comenzó a crecer y el orgullo se estableció en mi corazón. Nunca perdí la conciencia de que Dios era quien había abierto todas las puertas para mi ministerio, pero a medida que la gente comenzó a tratarme más amablemente dondequiera que iba, empecé a esperar cumplidos y elogios. No importaba adonde fuera, ya sea que viajara por negocios en los Estados Unidos y Europa o estuviera de vacaciones en México, la gente venía y me decía: "¡Compré su video y cambió mi vida! Mi matrimonio fue salvado. Sólo quería agradecerle". Luego de un tiempo, la atención llegó a ser casi embarazosa y esperaba secretamente que nadie me reconociera o me interrumpiera. Me empecé a cansar de la atención.

> Seguía diciéndome a mí mismo que estaba en el camino correcto, puesto que ¿cómo podía ser que todas estas cosas buenas ocurrieran de otra manera? ¿Habría alguna otra razón por la que Dios me bendeciría así?

Trágicamente, fui tentado a creer que yo había sido quien había cambiado todas esas vidas. Seguía diciéndome a mí mismo que estaba en el camino correcto, puesto que ¿cómo podía ser que todas estas cosas buenas ocurrieran de otra manera? ¿Habría alguna otra razón por la que Dios me bendeciría así? Deduje que la abrumadora prosperidad debía ser parte del plan de Dios y la respuesta a mis oraciones. Entonces seguí adelante.

La gente seguía tratándome como a una persona célebre y comencé a actuar como si lo fuera. Esperaba un trato especial en restaurantes y en aviones, y siempre viajaba con un asistente para que evitara que la gente se me acercara mucho. ¿Cómo es posible esto para un supuesto experto en relaciones?

La Biblia nos advierte sobre lo que puede ocurrir cuando escuchamos demasiados halagos. Proverbios 29:5 dice: "El que adula a su prójimo le tiende una trampa" (NVI). La gente que me agradecía por mi ministerio no me estaba tendiendo una trampa, pero yo estaba comenzando a tener un concepto más alto de mí mismo del que debía. Había empezado a creer toda la promoción exagerada. ¡Cuán ciego me volví!

Toda la atención y las caricias al ego causaron que mi alma se desorientara. Mi percepción de mí mismo estaba desequilibrada y tenía una perspectiva torcida del valor de los demás. Mis expectativas grandiosas continuaban gobernando mi vida y llegué a ser cada vez más intolerante con cualquiera que no estuviese a la misma altura.

Una vez, una de mis vecinas reaccionó por mi actitud cuando tuvimos un desacuerdo. Ella dijo: "Gary, no eres nada menos que una prima donna, y es desagradable". Pero eso no me molestó. Simplemente, creí que estaba celosa de mi éxito. Tal es la naturaleza del orgullo. Estaba consentido y centrado en mí mismo, y había ocurrido tan gradual y naturalmente que ni siquiera lo había notado. No quería afrontar ningún desorden relacional. No quería ocuparme de ninguna molestia, y me ofendía con cualquiera que tratara de retrasar mis planes. Quería que mis relaciones con los demás —incluyendo aquellas con mis empleados y mi familia— fueran manejables y sin complicaciones.

Grietas en la pared

A mediados de los años noventa, Norma y yo nos mudamos a Branson y comenzamos una nueva organización, el Centro de Relaciones Smalley. Mis tres hijos —Kari, Greg y Michael— se habían involucrado en el ministerio y todo indicaba que continuaríamos creciendo y prosperando. Ya habíamos logrado más de lo que jamás hubiese soñado, no obstante mi relación personal con Dios se había enfriado progresivamente y se había vuelto más distante. Por dentro, me sentía espiritualmente muerto. Mi motivación para continuar con el ministerio había desaparecido. Estaba desalentado y confundido. ¡Hombre, sí que estaba confundido!

Mis relaciones estaban sufriendo gravemente. Después de dar una charla en uno de mis seminarios sobre cómo superar el enojo y el estrés, me dirigí de vuelta a la sala de descanso con mis dos hijos, quienes compartían conmigo la responsabilidad de dar los mensajes. Pocos minutos después de enseñar sobre el enojo, tuve un desacuerdo con Michael y Greg sobre algo y me enojé. Ese era el patrón de conducta en mi vida en ese momento. Dejaba que todos mis pensamientos negativos me controlaran.

> Pocos minutos después de enseñar sobre el enojo . . . Me enojé

Recuerdo que Greg dio un paso atrás y me dijo: "Papá, ¿Por qué no vuelves a leer el libro que escribiste quince años atrás llamado *El Gozo que Perdura (Joy That Lasts)*?" Sentí el sarcasmo de sus palabras y me enojé e irrité aún más.

No estaba preparado para recibir esas palabras de reproche y corrección de parte de mi hijo. Pero Greg había observado cómo la gente se me acercaba después de un seminario y me decía cuánto les habían ayudado mis libros y cintas en sus relaciones, no obstante él sabía que yo no estaba prestando atención a mi propio consejo.

Lo que me dijo mi hijo era la verdad, aunque no la acepté en ese momento. Estaba avergonzado por su reproche, ¡pero él tenía razón! Honestamente, había olvidado lo que Dios me había enseñado quince años antes, que Jesús es todo lo que necesito. Él es la fuente de todo mi gozo.

El incidente con Greg y Michael me hizo tomar conciencia en forma dolorosa de mi bancarrota relacional. Al mirar atrás, me doy cuenta que las severas palabras de mi hijo fueron un buen medicamento para mí. Aunque había aconsejado y ayudado a otras familias a llevarse bien, era incapaz de trabajar junto a mis dos hijos. Estaba cegado por el egocentrismo y era incapaz de ver el daño que estaba haciendo a las relaciones cercanas. No es ninguna sorpresa que me sintiera tan vacío.

Parecía que mi vida entera estaba siendo consumida por un estrés palpitante. Me molestaba el tránsito en mi viaje de ocho kilómetros hasta mi trabajo. Me irritaba la molestia de viajar en avión desde Branson hasta todos mis seminarios. Estaba estresado por la continua serie de fechas límite de publicación y por la necesidad de producir materiales nuevos para los seminarios. Estaba preocupado por el clima mientras Norma y yo estábamos construyendo la nueva casa. Me involucré involuntariamente en la tensión de trabajar en el ministerio con miembros de la familia. Parecía que todo era una complicación o una distracción y me costaba más de lo previsto. La presión se tornaba inaguantable. Irónicamente, las cosas que había esperado me trajeran satisfacción y deleite en la vida, resultaron ser las mismas cosas que causaron estragos.

> Parecía que mi vida entera estaba siendo consumida por un estrés palpitante.

Fuera de la sartén . . .

Después de 1995, comencé a disminuir mi participación directa en el Centro de Relaciones Smalley y empecé a formular un plan para transferir el control del ministerio a mis hijos durante los años siguientes. En 1996, mi libro *Amémonos Siempre* (*Making Love Last Forever*) fue publicado y se vendió excepcionalmente bien.

Viendo este éxito, algunos de mis amigos, que habían desarrollado sus propios negocios prósperos y rentables, me dijeron que si quería ascender en la escalera y llevar mi empresa de publicaciones a la siguiente etapa, debería considerar firmar con una agente literaria de Nueva York que trabajaba con las mejores editoriales y podía llevarles las propuestas de mis libros. Esa agente en particular era muy buena para llevar a individuos que habían conseguido fama y éxito en un área —gente como el Dr. Phil McGraw, Maria Shriver y Jake Steinfeld, famoso por su programa *Body by Jake*— y ayudarles a irrumpir en el mundo editorial. Solicitar su ayuda sonaba como una buena idea.

La agente me llevó a Nueva York a visitar tres editoriales con mi próxima propuesta. Finalmente, firmamos un contrato por dos libros con Simon & Schuster. Ahora sentía verdaderamente la presión. Mis libros habían sido exitosos por años en el mercado cristiano, pero sentía que si no tenía éxito igualmente en el mercado general, sería considerado un fracaso.

> Puedo ver, durante este tiempo, el comienzo de mi alejamiento de Dios.

Al mirar atrás con la perspectiva de cinco o diez años, puedo ver, durante este tiempo, el comienzo de mi alejamiento de Dios. Le presté atención a las voces de otra gente diciéndome: "Tienes que hacer esto", "Tiene mucho sentido", "Es el siguiente paso natural" o "Si quieres ser exitoso . . ." Puedo ver como estas voces me distrajeron de depender de Dios en cada parte de mi vida.

Las cosas realmente llegaron a un punto crítico en el año 2000 con la publicación de mi primer libro con Simon & Schuster, *Los Secretos del Amor Duradero (Secrets to Lasting Love)*. Para empezar, ese no era el libro que quería escribir. De hecho, había firmado el contrato basado en otra idea, pero cuando comencé a escribir el libro, a la editorial no le gustó la dirección que estaba tomando y me condujo hacia la idea de *Los Secretos del Amor Duradero*. Esto me parecía como si estuviese leyendo viejas noticias. Mi libro anterior a ese fue *Amémonos Siempre (Making Love Last Forever)*, sentía como si ya hubiese dicho todo lo que tenía que decir sobre ese tema en particular. Cuando trataba de escribir, luchaba internamente y me decía a mí mismo: "Smalley, no estás diciendo nada nuevo, sólo estás diciéndolo de una manera diferente". Pero la editorial no quiso ceder.

Mi nombre ya no se escuchaba tanto en el mercado debido a que el anuncio comercial que solía usar había estado fuera del aire por un par de años. La situación fue de mal en peor cuando *Los Secretos del Amor Duradero* no se vendió tan bien como se esperaba. Sentía que mi agente debía haber hecho más para ayudarme a promocionar el libro, pero ella dijo: "Usted me dijo que iba a tener un anuncio comercial listo, pero parece que no puede resolver ese asunto". Entonces Simon & Schuster dijo: "No estamos seguros si queremos publicar el segundo libro". Fue una pesadilla.

Finalmente, el contrato fue cancelado y me alejé dándole la espalda a muchísimo dinero. Estaba tan feliz de poder salir de esa situación que no me importó cuánto me había costado.

Como consecuencia de todo esto, comencé a pensar que ya había logrado cualquier cosa que me había propuesto en la vida. No tenía ningún material nuevo para escribir y realmente no tenía grandes sueños. Deduje que Dios había terminado conmigo, o por lo menos que yo había terminado con mi ministerio. Fue como si hubiese llegado a un punto muerto. Simplemente, llegué al fin.

Asistí a reuniones de ministerio en donde todos debatían mi jubilación, o aún algo más desalentador, debatían que ocurriría cuando muriese. Comencé a creer que estaba terminado. Perdí mi visión de lo que Dios me había llamado a hacer. Perdí mis ansias por la palabra de Dios porque había perdido de vista quién era yo. Iba a la iglesia, pero a menudo terminaba criticando el sermón.

Comencé a pensar que ya había logrado cualquier cosa que me había propuesto en la vida.

Durante esa época de mi vida, estoy seguro que oré, pero no recuerdo ninguna clase de rutina. Estoy seguro que leí la Biblia, pero no la estudié regularmente. No me estaba recordando diariamente, a mí mismo, de la palabra de Dios, de por qué estaba aquí, qué estaba haciendo y cuál era mi propósito en la vida. Perdí mi capacidad de tener esperanza y soñar. Me alejé lentamente de Dios y fui por mi propio camino. Gasté dinero, hice viajes y me sumergí en el materialismo nuevamente. Dios no parecía darme una nueva visión de lo que vendría a continuación, entonces me pareció lógico disminuir mi participación en el ministerio, entregar las riendas a mis hijos y ayudarles a ponerse en marcha.

Si usted ha trabajado en un negocio de familia alguna vez, sabrá hacia donde se dirige esta historia.

Una sucesión sin éxito

Mis tres hijos tienen personalidades muy fuertes. Antes de que se unieran al Centro de Relaciones Smalley, ya habían desarrollado sus propias visiones y ministerios. Así que cuando estuvimos todos bajo un mismo techo, todos ellos tenían sus propias ideas de cómo deberíamos funcionar y qué deberíamos hacer. Casi inmediatamente, me di cuenta que había cometido un gran error al tratar de trabajar juntos. Tratar de agrupar cuatro ministerios en uno e intentar ponernos de acuerdo en tomar una dirección común fue una fórmula para el conflicto, los malos entendidos y la confusión. Tuvimos muchas reuniones de familia llenas de tensión, tratando de encontrar una solución mutuamente beneficiosa (recuerde: eran tres hijos y un padre) acerca de la dirección del ministerio.

Después de algunas de aquellas reuniones familiares, terminaba más estresado que nunca. Usualmente, éramos una familia armoniosa en la que realmente disfrutábamos el uno del otro la mayoría de las veces, pero ahora nos encontrábamos envueltos en disputas. A pesar de nuestras buenas intenciones de servir a la gente a través de nuestro ministerio y de construir una empresa familiar, nos peleábamos todo el tiempo.

"No me gusta tu propuesta".

"¿Ah sí? Bueno, ¡no me gusta tu propuesta ni tú tampoco!"

No creo que nadie haya dicho realmente eso, pero parecía que ese era el tono de muchas de nuestras reuniones. En más de una ocasión, me he puesto a pensar: *¿En qué me he metido?*

En más de una ocasión, me he pusto a pensar ¿En qué me he metido?

Entonces, como parte del plan de sucesión generacional, los otros miembros de la familia se convirtieron en dueños de la organización y miembros con derecho a voto. De buenas a primeras, las esposas de mis hijos —gente maravillosa con quien había tenido estupendas relaciones, aunque mayormente en fiestas familiares— estaban de pie en las reuniones expresando su opinión acerca de lo que deberíamos hacer. Me sentaba allí pensando: *Esta es una experiencia extra corpórea de la cuál no quiero ser parte. ¿Que le sucedió a mi ministerio?*

Como si todo eso no fuese lo suficientemente estresante, Greg, mi hijo mayor, quien tenía que sucederme como presidente del ministerio, decidió que nuestro negocio creciente debía ser más eficiente en el funcionamiento diario. Entonces reasignó a la jefa de la oficina y la puso a cargo de los preparativos de viaje de nuestros cuatro conferencistas. Pues bien, la jefa de la oficina resultó ser mi esposa, Norma, quien se había encargado del funcionamiento diario del ministerio por veinte años.

Greg manejó la reasignación de una manera amorosa y respetuosa, pero aun así causó daño y Norma estaba muy desanimada. Ella me miró con enojo y me dijo: "Gary, tú hiciste esto. Tú lo pusiste allí. Esta fue *tu* idea".

Si usted ha escuchado el dicho: "Si la madre no es feliz, nadie es feliz", tiene una idea de cómo eran las cosas. Yo pensaba: *¿Cómo pude causar semejante desastre, y qué voy a hacer al respecto?*

En su rol de presidente, Greg me habló de mi contribución al contenido de nuestros seminarios. Me dijo: "Papá, tienes que pensar en algo nuevo para cuando hables en la gran transmisión simultánea que presentaremos en seis meses". Pero yo no tenía nada nuevo para decir. Todo lo que tenía eran *toneladas* de dolor por todas las cosas que estuvieron sucediendo en mi familia y yo estaba luchando con eso. Mientras nosotros estábamos enseñando a otros cómo tener relaciones efectivas, nuestras propias relaciones estaban siendo probadas hasta la médula.

> Mientras nosotros estábamos enseñando a otros cómo tener relaciones efectivas, nuestras propias relaciones estaban siendo probadas hasta la médula.

También hubo nuevas presiones financieras. Dentro de la estructura del ministerio, comenzamos a expandirnos de nuevo, pagándole a oradores de gran renombre para ser parte de nuestras transmisiones simultáneas y agregando consejeros al equipo. Nuestro personal creció de trece a cuarenta y tres, y a estos consejeros profesionales se les pagaba salarios de nivel profesional, lo cual significaba un mayor incremento en nuestros costos operativos. Para equilibrar nuestro flujo de fondos durante esta expansión, establecimos una línea de crédito con el banco, pero cuando nuestros ingresos no siguieron al ritmo de lo que estábamos pidiendo prestado, el banco se puso nervioso. Aunque por entonces yo era sólo uno de varios propietarios, el banco dejó bien en claro que si la compañía se metía en problemas financieros, ellos no iban a ir tras mis hijos. Vendrían en pos de mí porque sabían la clase de patrimonio que tenía.

A menudo reflexiono acerca de este período de diez años de mi vida y me pregunto cómo sobreviví. Afortunadamente, Dios proporcionó el llamado de atención que necesitaba. Él sabía que necesitaba una crisis para quitarme la preocupación en mí mismo.

SU RELACIÓN CON DIOS

1. ¿Es la relación íntima con Dios algo que fluye naturalmente en usted? ¿Qué puede hacer para acercarse a Dios?

2. ¿Qué prioridades en su vida siente que ha puesto por encima de Dios?

3. En una escala de 1 a 10, (siendo 10 el máximo) evalúe su nivel de estrés. ¿Cómo está su nivel de estrés afectando su relación con Dios?

VERSÍCULOS CLAVE: Lea Mateo 19:16-26
Considere en oración qué cosas terrenales podrían estar entre usted y el Señor. Considere cuánto se identifica con el joven rico.

HACERLO PERSONAL
Haga una lista de algunos aspectos de su vida que necesite entregar completamente a Dios. ¿Qué áreas de su vida todavía son una lucha para entregarle a Él?

2

UN DESPERTAR ABRUPTO

En abril de 2002, llegó el día de la gran transmisión simultánea que habíamos estado planeando. Habíamos alineado algunos de los mejores oradores incluyendo a James Dobson, Josh McDowell, Dennis Rainey y Beth Moore. Se suponía que yo fuese el orador principal. Pero por meses me había estado preguntando: "¿Qué voy a decir?".

No recuerdo que mi disertación haya sido un éxito en absoluto. Estaba bajo mucho estrés. La conferencia finalizó un sábado y al día siguiente fui a la casa de vacaciones de Greg en las montañas Ozark para descansar y relajarme. Yo sabía que estaba sumamente cansado. Me iba arrastrando y me sentía con sueño. De hecho, en un determinado momento subí al piso superior y dormí una siesta porque me sentía muy cansado. Era anormal, pero deduje que era fatiga causada por la conferencia del fin de semana.

El lunes, fui a cazar con un amigo. A poco de adentrarnos en el bosque nos topamos con algunos pavos salvajes. Apunté con mi rifle y disparé. En ese mismo instante, fui gravemente afectado por un infarto masivo de miocardio. Pienso que el pavo y yo caímos a tierra en el mismo instante.

Convencido de que estaba muriendo, oré y le agradecí a Dios por mi vida y mi familia. Una paz tremenda descendió sobre mí cuando le susurraba a Dios que le vería en unos pocos momentos. Aun cuando me había alejado de Él, estaba seguro de su amor por mí. Mientras esperaba morir, mi amigo trajo la camioneta tan cerca como pudo hasta donde yo yacía, me colocó en el asiento de al lado del conductor y me llevó al hospital.

No podía respirar bien, pero finalmente junté fuerzas suficientes para llamar a Norma desde mi teléfono celular. Cuando dijo: "Hola", traté de decirle lo que había ocurrido y decirle por última vez que la amaba. Ella pensó que estaba bromeando. Interrumpiéndome, me dijo: "Estoy con alguien, Gary", y me dejó en espera.

Qué se va a hacer, pensé, se lo diré de nuevo cuando nos encontremos en el cielo.

Aunque el recuerdo de nuestro problema de comunicación aún vuelve a traerme una sonrisa, también me recuerda cuán lejos de Dios realmente estaba en ese tiempo.

Cuando llegamos al hospital, mi cardiólogo no podía creer que hubiese llegado tan lejos. Él encontró un bloqueo del cien por cien en una de las principales arterias coronarias y dijo que debería estar muerto sin lugar a dudas. Milagrosamente, no sólo había sobrevivido, sino que mi corazón no se había dañado.

Los hombres de mi familia tienen una historia de problemas cardíacos. Por varias generaciones anteriores a la mía, cada Smalley varón tuvo o sobrevivió un ataque al corazón entre los cincuenta y los sesenta años. Ya había cambiado mi dieta a fin de disminuir las probabilidades de tener un ataque al corazón, pero no había hecho nada acerca del estrés en mi vida.

No mucho después de que me recuperara, Norma y yo fuimos de vacaciones a Cancún en México, y tuve un segundo roce con la muerte. Como lo describo en *El ADN de las Relaciones*, fui a nadar cuando las condiciones de océano eran inseguras. Fui atrapado por una corriente de fondo y casi me ahogo antes de ser rescatado por un atento salvavidas.

Estas experiencias cerca de la muerte me sacudieron por un tiempo, pero tristemente, no les permití que penetraran lo suficientemente profundo como para sacarme de mi estilo de vida egoísta. No regresé a Dios ni me entregué a su dirección para mi vida.

Cuando el verano se volvió otoño, comencé a tener problemas de riñón. Los médicos especulaban que el daño estaba relacionado al ataque al corazón cuando el flujo de sangre a los riñones fue bloqueado por un cierto periodo. Desde entonces, también aprendí sobre los efectos del estrés prolongado en el cuerpo humano, y puedo ver que el estrés, sin duda alguna, desempeñó un papel en el deterioro de mis riñones. Esto sucedió justo cuando estaba transfiriendo el control del Centro de Relaciones Smalley a mis hijos, de manera que los niveles de estrés, como ya lo he mencionado, estaban muy por encima de los valores normales.

Iba mensualmente al consultorio médico para que me hicieran un examen de mis riñones. Cada mes, parecía que el médico estaba un poco más preocupado de lo que había estado el mes anterior. "Eventualmente", dijo: "va a necesitar comenzar con diálisis o un trasplante de riñón.

> Ya había cambiado mi dieta a fin de disminuir las probabilidades de tener un ataque al corazón, pero no había hecho nada acerca del estrés en mi vida.

Durante este tiempo, Greg observó mis respuestas emocionales fuera de control y me dijo: "Papá, ¿Por qué dejas que otra gente controle como te sientes? ¿Por qué les das ese poder sobre ti? Estaba tratando de enseñarme algunos de los mismos principios que estaban siendo desarrollados para usar en nuestros seminarios y sesiones de consejería, pero yo estaba tan confundido por el estrés y tan sobrepasado por mis propias reacciones que no tuvo sentido para mí. Pensé: "*¿Qué diablos está diciendo?*" En mi mente, tener un ataque al corazón, fallas en los riñones y una compañía en estado de agitación eran buenas razones para sentirme horrible. Estaba tan cerca del agotamiento completo como nunca lo había estado. ¿De qué otra manera se suponía que me sintiera?

> ¿Por qué dejas que otra gente controle como te sientes? ¿Por qué les das ese poder sobre ti?

Riñones dañados y un corazón endurecido

Cuando mis problemas de riñón empeoraron, comencé a clamar a Dios gradualmente, pero mi actitud fue la de negociar un acuerdo con Él en lugar de someterme a su plan para mi vida. Puesto que había vivido lo que parecía ser una vida encantada durante tanto tiempo, pensé que estaba más allá de tener que pasar por pruebas graves. Cuando los médicos me dijeron que necesitaría un trasplante de riñón, no quise que me molestaran. Dios me había dado todo lo que había pedido en el pasado, y sabía que Él podía sanarme instantáneamente. Durante la década previa, había parecido que siempre que pedía algo, Dios concedía mi petición. Di por supuesto que Él me rescataría una vez más de manera que pudiese evitar la operación.

Continué posponiendo la decisión sobre mis riñones. En lugar de eso, oré lo siguiente: "Bien, Dios, sé que puedes sanar mis riñones, así que hazlo por favor". Fui a una iglesia en Springfield por oración y en mi corazón estaba diciendo: *Bien, Dios, sé que vas a sanarme . . . estoy esperando que me sanes . . . ¡Vamos, sáname!* No estaba realmente interesado en ninguna otra solución. Sólo quería las cosas a mi manera. Pero cada vez que iba al médico, los resultados de los exámenes eran peores que los del mes anterior.

En retrospectiva, puedo ver que Dios quería hacer una obra trasformadora en mi vida. Él quería darme un corazón nuevo, una perspectiva completamente nueva de la vida y la fe. Los problemas de riñón fueron simplemente los medios para traerme a la sumisión a Dios. Él tenía en mente algo mucho más radical y salvador que simplemente sanar mis riñones.

> Puedo ver que Dios quería hacer una obra trasformadora en mi vida. Él quería darme un corazón nuevo, una perspectiva completamente nueva de la vida y la fe.

No solamente di por supuesto que Dios me rescataría, sino que también endurecí mi corazón para con Él en diferentes niveles. Algunos meses antes de la operación, un evangelista que tenía un ministerio de sanidad vino a Branson. De algún modo, se enteró de mi enfermedad y vino a verme a mi oficina. Me pidió si podía orar por mí, pero yo no estaba muy interesado en lo que él tenía para decir. Le había prometido a mis nietos que me encontraría con ellos en el lago ese día y todo lo que pensaba era en salir de allí para verlos. Pero accedí al pedido del evangelista y le permití que orara por mí. Él también invitó a Norma a que estuviese con nosotros.

Antes de orar, me explicó los fundamentos bíblicos de la sanidad. Debe haber hablado por unos quince minutos, pero parecieron como una hora. En lugar de apreciar su compasión y el hecho de que había hecho un gran esfuerzo para visitarme, me sentía irritado porque me estaba predicando y se estaba tomando mucho tiempo, impidiéndome estar con mis nietos.

Finalmente, dije con aspereza: "Sé lo que dice la Escritura. Empiece a orar y nada más".

> Estaba irritado porque estaba tardando mucho tiempo, impidiéndome estar con mis nietos.

Percibiendo que mi corazón no era receptivo, comenzó a orar. Pero en la mitad de su oración, cuando estaba citando varias Escrituras, dije: "Está bien, lo comprendo". Norma me dio un puntapié por debajo de la mesa, pero yo ya estaba exaltado. Cuando el evangelista no se daba por aludido, ni terminaba su oración, le interrumpí de nuevo: "¡Está bien, está bien!"

Finalmente, me puse de pie y caminé hacia la puerta. "Puede seguir orando por mí, pero me tengo que ir. Se me hace tarde para encontrarme con mis nietos", le dije.

Norma se sonrojó de vergüenza, pero el evangelista respondió cortésmente a mi conducta inaceptable. Ahora, me avergüenzo cuando miro hacia atrás y veo cuán profundamente mi corazón se había endurecido a lo que Dios estaba haciendo en mi vida.

El regalo sacrificial de Michael

No pasó mucho tiempo antes de que el nivel de funcionamiento de mis riñones declinara a un punto en el que comenzamos a hablar seriamente acerca de un trasplante y buscar donantes. En ese punto, mis tres hijos —Michael, Greg y Kari— se ofrecieron para donar uno de sus riñones si los de ellos eran compatibles con los míos. Todos ellos fueron examinados y los riñones de Kari y Michael eran compatibles. Los médicos eligieron a Michael como el mejor candidato en términos generales y preguntaron: "¿Cuál es el mejor momento para hacer esto?"

En mi agenda de conferencias para el año 2003, la primera fecha disponible era a fines de noviembre. El médico dijo que pensaba que mis riñones no durarían hasta entonces, de manera que pusimos fecha para la operación. Aún no estaba resignado a la idea de la operación —de hecho, continué negociando con Dios hasta el fin de semana previo a la operación— pero no debatí el asunto con mi familia o con los médicos. Estaba preocupado por problemas en el ministerio y me estaba preparando para una enorme transmisión simultánea que estaba programada para la semana previa a la operación.

Cuando llegó noviembre, mi función renal no había mejorado y mi nivel de estrés estaba peligrosamente alto. Después de meses de agitación, decidí asumir de vuelta la titularidad del Centro de Relaciones Smalley y reafirmar mi control sobre el ministerio. Greg renunció al cargo de presidente y se encargó de la división de consejería, mientras yo renové mi enfoque en la división de seminarios. Como parte de la transición, tuvimos que despedir a algunos empleados. Aquellos fueron días duros, emocionalmente difíciles y todos sentimos los efectos de la transición.

Pronto, fue hora de la operación de trasplante. Yo terminé mi parte de la transmisión simultánea un sábado y el domingo volé a Los Angeles para la operación, la cual sería al día siguiente.

La realidad comenzó cuando llegué a un pequeño y viejo hospital cerca del centro de Los Angeles. Michael y yo pasamos los exámenes preoperatorios y yo estaba atemorizado por todo. Sabía que los médicos habían sido altamente recomendados, pero aún me sentía ansioso por cada aspecto de la cirugía. No quería que se llevara a cabo. Al mirar a mi alrededor, noté que el complejo no parecía estar totalmente equipado como otros hospitales. Las habitaciones eran muy pequeñas y todo el lugar parecía como si necesitara ser refaccionado. Mi intranquilidad por la dura experiencia aumentó. Sabía que no estaba preparado mental o espiritualmente para la operación. Apenas podía orar, y mi enfoque era principalmente en mí mismo, más o menos como lo había sido durante la década pasada.

Mis preocupaciones acerca de mí eclipsaron mi interés por Michael. Él estaba ofreciéndome generosamente uno de sus riñones, pero la realidad de su sacrificio no penetraba mi corazón. Sabía que era un regalo maravilloso, pero estaba muy concentrado en mí mismo como para apreciarlo en ese momento, muy distraído por mis propias preocupaciones.

> Mi intranquilidad por la dura experiencia aumentó. Sabía que no estaba preparado mental o espiritualmente para la operación.

En la mañana de la operación, antes de que me llevaran a la unidad de cirugía, Norma oró por mí y me dio un beso de despedida. Me di cuenta que era posible que no sobreviviera a la operación y mis ojos se llenaron de lágrimas. Aún cuando creía que mi relación con Dios era segura, no fui capaz de aprovechar su paz para sobrellevar esta prueba.

La primera parte de la operación involucraba a Michael. Los médicos comenzaron extirpando su riñón mientras yo esperaba impacientemente en la sala de al lado. ¿Cómo me iba a imaginar que el tamaño del riñón de Michael estaba causando complicaciones? Los médicos tuvieron que cortar una costilla para hacer lugar y extraer el riñón. Durante este proceso, uno de los pulmones de mi hijo colapsó y su cuerpo comenzó a apagarse. Mientras yo me quejaba por la demora, los cirujanos estaban tratando de mantener vivo a mi hijo. Afortunadamente, pudieron estabilizar su condición y la operación prosiguió tal como estaba planeada.

Mi parte de la operación fue sin contratiempos, aunque no tenía idea que Michael casi había muerto. Después de que el efecto de la anestesia comenzó a desaparecer, recuerdo haberme despertado sintiéndome como incoherente, más bien inconsciente. Las primeras palabras que me dijo Norma fueron: "Gary, Michael casi muere debido a un neumotórax. Recuerdo que pensé: *"¿No me vas a preguntar cómo me siento?"* Tristemente, aún estaba concentrado primariamente en mis propias necesidades. Más tarde, después de que el aturdimiento producido por la anestesia desapareció, hice más preguntas y me enteré de los detalles de lo que había sucedido con Michael. Él aún estaba muy dolorido y los médicos le habían dado la medicación para el dolor más potente que había disponible; sin embargo, su estado era estable y el pronóstico de recuperación era bueno.

> Mientras yo me quejaba por la demora, los cirujanos estaban tratando de mantener vivo a mi hijo.

La realidad fue que Michael se recuperaría bastante rápido, pero yo me dirigía hacia un largo camino de recuperación. Estaba contento de estar vivo, pero me sentía insensibilizado a muchas cosas e indiferente a mi relación con Dios. Mi mente estaba terriblemente distraída con exigencias que sentía que estaban presionando mi vida. Aunque mi cuerpo había sobrevivido la operación, una parte de mí aún parecía muerta.

Confrontar mis emociones mortíferas

Después de la operación, estaba particularmente susceptible a la infección y por consiguiente tuve que ser puesto en cuarentena. Tenía que usar una máscara cada vez que alguien entraba en la sala y tuve que limitar mi actividad a lo mínimo. Estaba cansado, dolorido, irritable y deprimido.

El día previo a que me dieran de alta, una enfermera vino a explicarme los medicamentos que tendría que tomar para evitar que mi cuerpo rechazara el riñón de Michael. Tan pronto como entró en la habitación, reconocí su personalidad. Su uniforme era inmaculado, su cabello estaba impecable, su maquillaje era perfecto. Parecía como si fuera a una fiesta de baile.

Si tenía que experimentar la mitad de los efectos secundarios que describió la enfermera, no hubiese tenido mucho sentido tener el trasplante.

Como era de esperar de una perfeccionista minuciosa y formal, ella repasó cada uno de mis cuarenta medicamentos e identificó cada uno de los posibles efectos secundarios. Se suponía que escuchara y tomara notas. Afortunadamente, Kari, mi hija, estaba allí para tomar notas por mí, porque podía sentir mis niveles de estrés llegar hasta el techo. Si tenía que experimentar la mitad de los efectos secundarios que describió la enfermera, no hubiese tenido mucho sentido tener el trasplante. Me parecía que había sobrevivido a la operación solamente para morir por los medicamentos destinados a sanarme.

Kari y Norma trataron de alentarme a salir de mi mal humor, pero yo sólo renegaba y me quejaba. Me quejaba de las enfermeras, me quejaba de la comida, me quejaba de los cuidados que me daban. Me quejaba de todo y de todos. En realidad, algunos de los mejores médicos del país habían realizado el trasplante y había recibido una atención excelente, pero nada de eso hizo que dejara de refunfuñar.

Después de ser dado de alta del hospital, todavía necesitaba una atención médica regular de control por unas tres semanas, de manera que Norma y yo nos alojamos en el hotel Marriott a cinco minutos del hospital. Esto me dio una serie de circunstancias completamente nuevas para quejarme. Kari recuerda que le dije que el mundo debía estar dirigido por adolescentes, porque hasta donde yo podía ver, nadie era responsable, nadie era profesional y nadie hacía nada con excelencia. Todos se olvidaban y arruinaban las cosas.

Uno de los beneficios de la operación fue que perdí mucho peso y de ese modo, de acuerdo a mi médico, podía comer todo lo que quisiera. Así que comí muchísimo budín de arroz —que siempre me encantó— y de tapioca.

Un día, Kari me llevó a la tienda de comestibles para buscar algunos medicamentos y algo de comida. Me quejé continuamente y expresé mi frustración durante todo el camino a la tienda. Estaba ansioso por recuperarme del trasplante y se suponía que no debería salir, ni estar en público. Los médicos me habían aconsejado no acercarme a menos de tres metros a la gente por lo menos durante tres meses. Llevaba puesta una máscara para protegerme de toses, estornudos y otros gérmenes.

Hasta donde yo podía ver, nadie era responsable, nadie era profesional y nadie hacía nada con excelencia.

Kari estacionó el auto frente a un gran supermercado y se apresuró para llevar mis recetas y comprar mis comestibles. Estaba apoyado en una almohada en el asiento de atrás y alimentaba mi espíritu quejoso, el cual sólo aumentaba mi estrés.

A causa de mi sensibilidad a la infección, Kari dejó completamente cerradas todas las ventanas del auto; pero hacía tanto calor ese día en el sur de California que no pasó mucho tiempo antes de que empezara a asarme. Era muy difícil moverme, pero finalmente pude estirarme hasta el asiento del conductor y dar vuelta la llave de manera que pudiera bajar las ventanas y dejar entrar algo de aire fresco. Sentí que Kari estaba tardando mucho, de manera que me quejé de eso.

Mientras estaba descansando allí, mirando por la ventana, me di cuenta que el auto estaba a sólo unos tres metros de unos huelguistas que estaban protestando fuera del supermercado. Estaban gritando y dando alaridos por lo poco que les pagaba la cadena de tiendas de comestibles y le decían a la gente que no comprara allí. Sus hijos estaban con ellos, tosiendo y llorando, y yo pensé: *¿en qué estaba pensando Kari cuando estacionó tan cerca de esta gente?* Me molesté porque ella no se había preocupado más por mí. Lo que esperaba de Kari era poco realista, y estas expectativas controlaban absolutamente mis emociones.

> Lo que esperaba era poco realista, y estas expectativas controlaban absolutamente mis emociones.

Cuando Kari —*¡finalmente!*— volvió al auto, cargada pesadamente con todas las cosas de mi lista y aliviada de volver al auto, arremetí contra ella verbalmente. Antes que pudiese subir al auto, estaba regañándola. En lugar de agradecerle por ayudarme con mis encargos, le dije: "¿Cómo pudiste dejarme aquí tan cerca de toda esta gente que podría infectarme?".

Ella respondió pacientemente: "Papá, si voy a estar cuidándote en los próximos días, ¿podría pedirte que digas "por favor y gracias" en lugar de renegar y quejarte? Sé que ahora tienes ciertas necesidades, pero sería mucho más fácil si fueras más amable y considerado conmigo".

Le respondí con un comentario cortante sobre cuan doloroso era pasar por esta experiencia y como ella debería permitir que me quejara un poco.

Cuando volvimos al hotel, Kari me llevó hasta mi habitación

con mi budín de tapioca y las otras provisiones. A estas alturas, ella y Norma estaban tan hartas de mi actitud que necesitaban alejarse por un tiempo. "Nos vamos de compras", dijo Norma. Por supuesto, también me quejé de eso. "¿Y si necesito algo?", murmuré.

"Arréglatelas solo. Ya volveremos".

Después que terminé de quejarme por haber sido "abandonado" me senté solo en la cama, tratando de mirar televisión, pero no había nada que me interesara. Apagué el televisor y traté de leer la Biblia, pero no quería leerla. No sabía qué hacer conmigo mismo. Me sentí fastidiado —sabía que era muy quejoso y probablemente alguien con quien era difícil convivir— lo peor es que no sabía como actuar de otra manera. Estaba inquieto, aburrido y podía sentir que el estrés se acumulaba. Mientras me movía impacientemente, tratando de ponerme más cómodo con la pila de almohadas que servían de respaldo, noté que había un libro sobre la mesa de noche. Era un libro que cambiaría mi vida.

Mi reavivamiento

El viernes previo a la operación, había estado en la oficina de Norma y había notado que había un libro sobre su escritorio. *Emociones Mortíferas (Deadly Emotions)*, escrito por el Dr. Don Colbert. No es raro que las editoriales me envíen libros que esperan que apoye y promocione a través de mi ministerio. No estaba leyendo nada en particular en ese tiempo y el libro parecía interesante, así que lo tomé y me lo llevé a casa.

Más tarde, cuando empacaba mi equipaje de mano para el vuelo a Los Angeles, busqué algo para leer durante el vuelo. *Emociones Mortíferas* estaba en una esquina de mi escritorio en casa, así que lo arrojé en el bolso.

No leí el libro en el avión, y de algún modo terminó en mi mesa de noche en el hospital. Durante los días siguientes a la operación, no estaba interesado en leer, pero vi el libro de vez en cuando al mirar en esa dirección.

Ahora, en el hotel Marriott, allí estaba el libro nuevamente, sobre la mesa de noche. No sé cómo llegó hasta allí. Ni mi esposa ni mi hija recuerdan haberlo puesto allí (por lo tanto no era como si me estuviesen tratando de enviar un mensaje), pero allí se encontraba. Estaba desesperado por hacer algo, y como era el único libro que tenía conmigo, decidí leerlo.

> Él explicaba como mi vida llena de estrés y fuera de control estaba matando mi cuerpo de a un órgano por vez.

La cubierta del libro enumeraba algunas "emociones mortíferas" que podrían causar una enfermedad. Amargura, resentimiento, ansiedad e ira reprimida. Comencé a reflexionar en mis propias emociones agobiantes y me sentí atraído a ver lo que este autor tenía para decir.

En la página treinta, ya estaba enganchado. El Dr. Colbert explicaba lo que es el estrés y cómo podemos contraer toda clase de enfermedades si vivimos con mucho estrés. Él explicaba cómo mi vida llena de estrés y fuera de control estaba matando mi cuerpo de a un órgano por vez. "Y", decía como si me estuviese hablando directamente: "si usted no maneja su estrés, va a morir".

Por alguna razón, las palabras del Dr. Colbert llegaron directamente a mi corazón como nada más había podido hacerlo por años. Abrumado por la convicción, caí de rodillas y clamé: "Dios, estoy harto de todo el estrés en mi vida; no puedo vivir más de esta manera; necesito tu sabiduría para saber como controlar mi estrés". Durante las siguientes veinticuatro horas, comencé a ver mi vida tal cual era, y supe que no podía volver al mismo estilo de vida destructivo.

El Dr. Colbert explicaba que el estrés es la diferencia entre lo que esperamos y lo que experimentamos. Él recomienda que escribamos todas nuestras expectativas de manera que podamos comenzar a ver dónde están ocurriendo estas diferencias.

Cuando terminé el libro, no veía la hora de arrodillarme de nuevo y orar. Le confesé a Dios que, aun cuando sabía lo que era mejor, había estado atrapado en mi propia agenda para mi vida. Le pedí que me perdone. Sabía que necesitaba su gracia y poder para ayudarme a salir de mi decadencia espiritual.

Cuando terminé de orar, escribí una lista de expectativas y con lágrimas, convicción y una emoción abrumadora, las entregué a Dios, una

Comencé a ver mi vida tal cual era, y supe que no podía volver al mismo estilo de vida destructivo.

por una. Fue como una reunión de avivamiento de antaño, allí mismo en mi habitación del Marriott. Me sentí tal como el Hijo Pródigo, volviendo a casa de su padre misericordioso. Al leer y releer los pasajes de la Escritura, las palabras parecían llegar a mi corazón, y la Palabra de Dios parecía estar viva nuevamente. Me puse a llorar, agradeciendo a Dios no solamente por darme una segunda oportunidad sino también por haber salvado mi vida tres veces. Mi habitación de hotel, que una vez pareció solitaria, ahora era como mi propio altar privado, donde podía visitar al Señor y estar en su presencia.

Cuando Norma volvió a la habitación, le conté todo lo que Dios me había mostrado acerca de mí mismo. Le pedí que me perdonara por la manera en que mis actitudes habían perjudicado nuestro matrimonio y nuestra familia.

Yo estaba, incluso, conmocionado por la inmediata transformación en mi vida. No pensé que una persona pudiera cambiar tan rápido. En una escala de uno a diez, mi nivel de estrés descendió de un diez firme a casi cero. Mi corazón estaba lleno de gratitud y de una nueva esperanza. Sentía como si me hubiesen dado una segunda oportunidad.

Con mucho tiempo a solas mientras me recuperaba de la operación de trasplante de riñón, me sobresalté al pensar en toda la gente que había lastimado debido a las expectativas egoístas que había puesto en ellos. Entonces oré diciendo: "Señor, perdóname por la manera en que he estado tratando a la gente y gracias por quitar las vendas de mis ojos".

Me sobresalté al pensar en toda la gente que había lastimado debido a las expectativas egoístas que había puesto en ellos.

Inmediatamente, pensé en la última persona a la que había tratado mal, mi hija Kari. Sabía que había sacrificado el tiempo con su marido e hijos a fin de venir a California para ayudar a Norma a cuidarme después de la operación. Recordé cuán irascible y hostil había sido con ella cuando me llevó al supermercado y me sentí enfermo al darme cuenta de lo que había hecho.

Al no estar cegado por mi autocompasión, pude ver y apreciar finalmente la graciosa provisión de Dios para suplir mis necesidades a través de mi esposa, mi hija y el resto de la familia.

Kari continuó atendiéndome como siempre lo hizo pero ahora yo no tenía deseos de quejarme o refunfuñar. Ella sabía que algo había cambiado drásticamente en mí. Sentí una compasión renovada por mi familia. Sentí como si tuviese dominio propio por primera vez en años. Dios sabía que necesitaba sentirme de esta manera de tal modo que pudiera curarme adecuadamente. Mi arrogancia se volvió mansedumbre. Mi ingratitud se volvió humildad. Mi impaciencia se volvió perdón.

La cosa más asombrosa fue que todo lo que tuve que hacer fue abrir mis brazos y recibir este cambio radical como un regalo de Dios. No hice nada para ganarlo.

Solamente seguí las instrucciones que encontré en Colosenses 3, para poner mi corazón en las cosas de arriba, no en cosas terrenales.

Junto con esta transformación vino un deseo renovado de leer y memorizar la Escritura. Comencé memorizando el pasaje de Colosenses 3:1-17, que muestra una tremenda ilustración del "antes y después" de la vida cristiana.

> La cosa más asombrosa fue que todo lo que tuve que hacer fue abrir mis brazos y recibir este cambio radical como un regalo de Dios.

Proseguí memorizando otros pasajes de la Escritura, y cada uno agregaba algo a mi perspectiva renovada hacia Dios:

Por tanto, pondréis estas mis palabras en vuestro corazón y en vuestra alma, las ataréis como señal en vuestra mano y serán como insignias entre vuestros ojos. Las enseñaréis a vuestros hijos, hablando de ellas cuando te sientes en tu casa, cuando andes por el camino, cuando te acuestes y cuando te levantes. Las escribirás en los postes de tu casa y en tus puertas, para que sean vuestros días, y los días de vuestros hijos, tan numerosos sobre la Tierra que Jehová juró a vuestros padres que les había de dar, como los días de los cielos sobre la Tierra. (Deuteronomio 11:18-21)

En mi corazón he guardado tus dichos,
para no pecar contra ti.

> ¡Bendito tú, Jehová!
>   ¡Enséñame tus estatutos!
> Con mis labios he contado
>   todos los juicios de tu boca.
> Me he gozado en el camino de tus testimonios
>   más que de toda riqueza.
> En tus mandamientos meditaré;
>   consideraré tus caminos.
> Me regocijaré en tus estatutos;
>   no me olvidaré de tus palabras. (Salmos 119:11-16)

> Lámpara es a mis pies tu palabra y lumbrera a mi
> camino. (Salmos 119:105)

Dios me encontró donde estaba y me mostró como renovar mi relación con Él. Después de años de vagar por el desierto de mi propio egoísmo, vi una transformación en mi vida de la noche a la mañana. Mi presión sanguínea descendió a valores normales y el abrumador estrés que había sentido por tanto tiempo, desapareció. Finalmente, comencé a entender lo que mi hijo Greg había estado tratando de enseñarme. Lloré por la profundidad de su amor por mí y agradecí a Dios que le hubiese dado a Greg la valentía de hacerme frente y decirme lo que necesitaba escuchar, aun cuando mi corazón estaba endurecido en ese entonces.

Al recuperarme paulatinamente, me despertaba cada mañana para enterarme que el cuerpo viejo y débil continuaba aceptando el nuevo riñón. Me hacía más fuerte cada día. Cada día, recibía un nuevo entendimiento en la palabra de Dios y en el trabajo del Espíritu Santo. La sanidad se producía física y espiritualmente. De la misma manera, aún estaba agotado y cansado de tomar más de cien píldoras por día y de tener que adaptarme a los efectos de los medicamentos en mi sistema. Por otra parte, era como un bebé recién nacido que deseaba ardientemente la "leche espiritual pura".[1] Me sentía como un cristiano nuevo.

Mientras Dios hablaba claramente a mi corazón, me guiaba a concentrarme de nuevo en Colosenses 3:1-17. Esta sección de la Escritura fue el catalizador de mi transformación y me dio el entendimiento necesario para permanecer fiel a los pasos de recuperación que Dios había puesto ante mí. Puesto que no tenía distracciones por las que preocuparme durante este tiempo, pude permitirle a la Escritura penetrar realmente en mi corazón y mi mente. A través de la oración y mi tiempo con las Escrituras, desarrollé varios hábitos nuevos que dieron forma a mi renovada relación con Dios. Aprendí a entregar todas mis expectativas a Dios y a aceptar su filtro para mi vida. Aprendí cómo llevar cada pensamiento cautivo, de acuerdo a

> A través de la oración y mi tiempo con las Escrituras, desarrollé varios hábitos nuevos que dieron forma a mi renovada relación con Dios.

2 Corintios 10:5, y cómo adorar a Dios en medio de las pruebas. También aprendí la importancia de buscar consejo divino en la toma de decisiones y de repasar las promesas de Dios para mí cada día.

Cuando le entregué mis expectativas y mi agenda a Dios, me mostró fielmente cómo crecer en mi relación con Él. Supe que la obra que estaba haciendo en mi corazón era un proceso y que necesitaba comprometerme a un tiempo diario de comunicación con Él. Me dio la pasión y la motivación para buscarle primero, cada día. Ahora, varios años más tarde, puedo decir honestamente que mi relación con Dios está mejor que nunca.

En los próximos seis capítulos, describiré cómo Dios reavivó mi apetito por estudiar su Palabra y cómo me enseño seis nuevos hábitos que han llegado a ser parte de mi vida diaria. Cada mañana cuando me despierto y cada noche antes de ir a la cama, repaso consciente y deliberadamente estas nuevas formas de pensar acerca de mi relación con Dios, conmigo mismo y con los demás. Con la ayuda de Dios, estos seis hábitos han hecho toda la diferencia en mi vida. Creo que pueden hacer una diferencia en usted también. Déjeme mostrarle cómo.

SU RELACIÓN CON DIOS

1. ¿Puede identificar alguna "emoción mortífera" que haya tomado control de su vida?

2. ¿Puede identificar pruebas que Dios pueda estar usando para atraer su atención?

VERSÍCULOS CLAVE: Ezequiel 36:26-27
Pídale a Dios que le dé un "corazón de carne".

HACERLO PERSONAL
Confiese a Dios cualquier área de su vida que usted no ha estado dispuesto a entregarle. Pídale que le muestre cómo crecer en su relación con Él.

PARTE 2
LA
RENOVACIÓN

3

ENTREGAR TODAS LAS EXPECTATIVAS A DIOS

Cuando Dios penetró en mi endurecido corazón y comenzó a transformar mis actitudes, me di cuenta que la primera cosa que tenía que cambiar eran mis expectativas. Tuve que reconocer el hecho de que mi propio sentido de cómo se debían hacer las cosas había llegado a regir mi vida y mis emociones. No era que las expectativas en sí mismas estaban equivocadas —todos tenemos expectativas; son una parte natural de la vida— pero todas mis expectativas estaban centradas en *Gary* en lugar de estar centradas en Dios.

Creo que Dios hizo que empezara por entregarle todas mis expectativas porque mis expectativas insatisfechas fueron la causa de la mayor parte del estrés en mi vida y porque me estaban distrayendo de mi relación con Dios. Dios me llamó a renunciar a todas mis aspiraciones de manera que pudiese concentrarme en Él.

Dios promete que suplirá todas nuestras necesidades "conforme a sus riquezas en gloria en Cristo Jesús".[1] La Escritura no dice que suplirá *algunas* de nuestras necesidades; dice que suplirá *todas* nuestras necesidades. Había leído este versículo innumerables veces a lo largo de los años, pero no estaba viviendo de acuerdo a lo que Dios promete. Estaba motivado por mi propia agenda, mis propias metas y mis propias buenas ideas. Cuando comencé a confiar en Dios completamente y a creer realmente que era fiel, empecé a experimentar la paz verdadera. Esto, creo yo, es lo que causó que mis niveles de estrés se redujeran drásticamente.

"No se haga mi voluntad, sino la tuya"

Antes que pudiese entregar mis expectativas, tenía que saber cuáles eran. Pude mencionar algunas de ellas inmediatamente, pero muchas otras nunca las había siquiera expresado con palabras. Simplemente tenía esta percepción fastidiosa de que las cosas no estaban resultando de la manera que quería. Había puesto muchas expectativas tácitas en otra gente y sencillamente *esperaba* que ellos supieran cuáles eran.

Cuando me senté y escribí todas mis expectativas, la lista abarcaba cuatro páginas. Dividí la lista en dieciséis categorías, incluyendo las expectativas que tenía para los proyectos de publicación, para mis compromisos como orador, para el ministerio del Centro de Relaciones Smalley, el cronograma de viajes, el dinero y las posesiones, la reputación y la familia. Cuando revisé mi lista, pude ver que lo que realmente quería, lo que había llegado a *esperar*, era que mi vida fuera libre de problemas, exitosa y sin complicaciones. Quería estar en control, quería que la gente me tuviese en alta estima y quería que todos mis planes se desarrollaran de acuerdo a mis propios tiempos.

Para entregar mis expectativas a Dios, pronuncié cada una de ellas en voz alta y me imaginé poniéndolas a los pies de la cruz.

Confesar mis expectativas a Dios fue algo sorprendente. No podía creer cómo me habían atrapado de esa manera. Renunciar a mis expectativas no significa que ya no me importe lo que ocurra. ¡Nada de eso! Lo que significa es que me importa más lo que *Dios* quiere lograr que lo que *yo* quiero lograr. Significa que estoy dispuesto a dejar de lado mi propia agenda, mis propias esperanzas, mis propios propósitos y planes a fin de ir en pos de la agenda de Dios, el propósito de Dios y el plan de Dios para mi vida. Significa que las expectativas de Dios se convierten en mis expectativas.

Renunciar a mis expectativas significa que estoy dispuesto a dejar de lado mi propio ego, orgullo, bienestar y mi sentido de la pertenencia y el logro a fin de glorificar a Dios. Aprendí que necesitaba adoptar la misma actitud que Jesús expresó en el huerto de Getsemaní cuando oró para no beber la copa del sacrificio. "Padre . . . no se haga mi voluntad, sino la tuya".[2]

> Renunciar a mis expectativas significa que estoy dispuesto a dejar de lado mi propio ego, orgullo, bienestar y mi sentido de la pertenencia y el logro a fin de glorificar a Dios.

Para Jesús no era fácil dejar de lado su propia voluntad en el huerto de Getsemaní. ¡Sabía que le costaría la vida! La Biblia dice que la angustia de esta decisión causó que su sudor fuera "como grandes gotas de sangre que caían hasta la tierra".[3] Y aunque mi decisión no era nada comparada con el sacrificio hecho por Cristo, pronto descubrí que no iba a ser fácil dejar de lado mis expectativas.

Puesto a prueba

A menos de un año de mi trasplante de riñón, mi disposición y mi capacidad para entregar mis expectativas a Dios fueron puestas rigurosamente a prueba. Le cuento esta historia como un ejemplo de cómo nuestras propias expectativas pueden tomar el control relativamente rápido, aun cuando las hayamos entregado a Dios, y de cómo Dios permite que nuestras expectativas sean cortadas nuevamente de manera que continuemos confiando sólo en Él. Cuando usted entrega sus expectativas a Dios, tiene que estar dispuesto a aceptar que su plan puede no estar de acuerdo con lo que usted preveía o esperaba. Finalmente, lo que Dios quiere que todos aprendamos es que Él es digno de confianza y que su plan es el mejor. Es una lección difícil de aprender. Yo aún estoy aprendiéndola.

> Siempre he tenido grandes sueños y esta campaña iba a ser más grande que cualquier cosa que jamás hubiese hecho.

Mucho antes de mi trasplante de riñón, a fines del año 2000, había firmado un contrato para publicar varios libros con Tyndale House Publishers. Conjuntamente con sus editores, mi equipo ministerial y mi familia, comencé a trabajar en un importante plan de diez años para mi ministerio, el cual incluiría películas, televisión, libros, programa de estudios y otras oportunidades innovadoras para el ministerio. Siempre he tenido grandes sueños y esta campaña iba a ser más grande que cualquier cosa que jamás hubiese hecho.

Conjuntamente con mi editorial, trabajé con un talentoso equipo de visionarios y pensadores estratégicos para crear un plan sobre cómo llegar con nuestro nuevo material sobre el matrimonio a miles de pastores, iglesias y líderes de denominaciones alrededor del mundo. Como parte del plan, nos presentaron una organización que tenía experiencia en la comercialización directa con las iglesias. Este grupo iba a ayudarnos a ubicar nuestros productos en algunos nuevos canales de ventas y a desarrollar una campaña global que esperábamos unificaría todas las partes del plan.

Para el año 2003, mis hijos y yo habíamos escrito varios libros de no ficción para Tyndale, y yo había colaborado con la novelista Karen Kingsbury en una serie de libros de ficción que se vendió muy bien. Pero por entonces, el resto de la campaña estaba comenzando a tener algunos problemas. Esto coincidió con el punto bajo de mi "período negro" que precedió al trasplante de riñón. La presión era abrumadora y había grandes tensiones entre varios miembros del equipo y yo. Al mirar atrás, puedo ver que algunas de mis expectativas eran poco realistas y la manera en que me relacionaba con la gente era a menudo antagonista. Como lo explico en *El ADN de la Relaciones*, mis dos temores básicos son: el ser controlado por otros y el ser menospreciado. Durante el curso del desarrollo de esta campaña, fui presionado más de una vez y respondí de manera negativa. Finalmente, nos desligamos de la organización de planeamiento estratégico y tuvimos que desistir del concepto de ventas directas a las iglesias.

Este cambio de dirección pareció devastador al principio. Habíamos dedicado mucho tiempo y esfuerzo a varias partes de la campaña y ahora, de repente, la parte del plan que incluía ventas directas a las iglesias no se llevaría a cabo. Pero aún teníamos un nuevo libro muy importante en desarrollo y nos reagrupamos rápidamente tras la iniciativa de una compañía de promoción comercial de primera línea que fue contratada para ayudar a reencauzar la campaña. Su especialidad era en colocación de medios y relaciones públicas, de manera que decidimos concentrarnos menos en las iglesias y en cambio, desarrollar una campaña publicitaria nacional. Todavía esperábamos poder llegar a muchos de los mismos pastores a los que habíamos apuntado con la iniciativa de ventas directas a las iglesias. Una vez más, teníamos grandes sueños, y yo estaba expectante y emocionado por la campaña que habíamos organizado, la cual se iba a lanzar en el otoño del 2004.

Mis expectativas se habían acrecentado una vez más, y ahora vendría la prueba real sobre si estaba dispuesto a entregar mis expectativas a Dios.

A medida que se acercaba la fecha del comienzo de la campaña en el 2004, se hizo obvio que la promoción en los medios no estaba instrumentada como se había planeado. Estaban sucediendo muchas cosas en todo el mundo en aquel tiempo y nosotros estábamos compitiendo por tiempo de transmisión con algunos asuntos importantes, incluyendo la elección presidencial, la guerra en Irak y la continua inquietud por el terrorismo. Por varias razones, la compañía de promoción comercial no pudo promover mi libro de acuerdo a lo planeado. Y cuando los esfuerzos de promoción no cumplieron las expectativas, era como si se desplomara una pata de una mesa de tres patas; todas las otras partes de la campaña, que estaban ligadas al éxito de la promoción, se vinieron abajo.

> Este cambio de dirección pareció devastador al principio. Habíamos dedicado mucho tiempo y esfuerzo a varias partes de la campaña y ahora, de repente, esta parte del plan no se llevaría a cabo.

Yo estaba destrozado. Aún cuando había dado enormes pasos espirituales desde el trasplante de riñón, mi primera respuesta a este giro inesperado y perturbador fue autocompasión, grave desilusión, vergüenza y humillación. Quería meterme en la cama, ponerme en posición fetal y aislarme del mundo. De nuevo, pensé que mis días de ministerio habían terminado. Los cuatro años de planificación parecían un desperdicio de energía y tiempo (otros en el equipo deben haberse sentido de la misma manera).

Pasé tres meses afligido por esta pérdida. Sentía como si me hubiesen despedido del trabajo de mis sueños. Me iba a dormir afligido, me levantaba herido en la mañana y me sentía enfermo varias veces durante el día. Me dolían el estómago, el corazón y la cabeza. Recuerdo que me decía a mí mismo: "¿Es aquí adonde me ha llevado mi carrera, a un camino sin salida?" Después de este fracaso enorme en mi vida, no tenía idea de qué planear para el futuro, y ahora me costaba más confiar en la gente. Y con todo, Dios parecía preguntarme: ¿Confiarás en *mí*?

Remover las restricciones auto impuestas

Este contratiempo aplastante resultó ser el crisol en el cual aprendí a despertar cada mañana y entregar mis expectativas a Dios. Tenía la percepción de que Dios estaba diciendo: "Gary, quiero demostrarte que estoy al mando y que soy ciento por ciento suficiente para ti, pero tengo que quitarte tu vieja manera de pensar". Finalmente, me di cuenta que podía elegir sufrir aferrándome a mis expectativas restricciones auto impuestas o podía elegir entregarle todo a Dios. ¡Elegí entregar todo! A medida que comencé a asumir la responsabilidad por mis acciones y mis elecciones, dejé automáticamente de culpar a las circunstancias y a los demás por mi infelicidad. Mis emociones ya no eran esclavas de las acciones de otra gente y ya no tenían el mismo poder sobre mí. Seguro, aún tenía mis momentos en los que volvía a los viejos patrones de conducta, pero comencé a darme cuenta que era yo quien estaba creando todas las expectativas irracionales y, por consiguiente, podía detenerlas. Podía cambiar.

> Comencé a darme cuenta que yo era quien estaba creando todas las expectativas irracionales y, por consiguiente, podía detenerlas. Podía cambiar.

Han pasado algunos años desde esta experiencia, pero para mí todavía es muy real. Este "ajuste de actitud" transformador echó raíces en el mismo centro de mi ser. Ahora, matiza todo lo que hago, marca las pautas de mi servicio a Dios. Cada mañana antes de levantarme, me comprometo nuevamente a renovar mi mente a través de los principios hallados en Colosenses 3. Desde mi experiencia allá por el 2003, he dedicado una cantidad considerable de tiempo a meditar en estos versículos, profundizando mi conocimiento de ellos. Me he convertido en lo que pienso día y noche. Tengo la paz de Dios fluyendo en mi corazón.

Ahora comprendo lo que salió mal durante los últimos años de mi vida, de dónde vinieron todas las emociones negativas y por qué se estaba acumulando semejante presión dentro de mí. A través de las difíciles luchas con mi salud, Dios pudo llamar mi atención y mostrarme lo que necesitaba cambiar. Mis pensamientos eran los que causaban mi estrés constante. Yo era responsable por lo que me estaba ocurriendo, nada ni nadie más. ¡Qué manera de despertarme cuando me di cuenta que ya no podía culpar a las circunstancias o a otra gente por mi nivel de estrés y mi estado emocional!

> **M**e di cuenta que ya no podía culpar a las circunstancias o a otra gente por mi nivel de estrés y mi estado emocional.

¿A qué expectativas irreales se está aferrando? ¿Le están distrayendo de concentrarse en su relación con Dios? ¿Están dañando sus relaciones con otra gente? ¿Están creando estrés perjudicial en su vida? Mi oración es que aprenda cómo entregar sus expectativas a Dios cada día y que el amor de Dios tome control de su corazón y le dé una más grande percepción de su paz. Esta libertad está disponible para todos. Está disponible para usted.

Tal vez al leer esto ahora mismo, se esté diciendo a sí mismo: "Bien, eso es estupendo para ti, Gary. Me alegro hayas tenido una transformación espiritual y que tus cosas hayan mejorado, pero tú no conoces mi situación. No conoces mis luchas, mis pensamientos o la clase de estrés que soporto cada día". Si eso resume su respuesta, permítame darle algo de ánimo. Creo definitivamente que este mensaje es para usted.

Sus tentaciones, expectativas y tensiones pueden no ser las mismas que las mías. Pero la solución es la misma, porque Dios nunca cambia. Nos ha dado su Palabra escrita para recordarnos que Él en sí mismo es la solución a todas las preocupaciones de la vida. Cuando tengo emociones negativas o me siento infeliz o desalentado, vuelvo enseguida a la Palabra de Dios. Tengo quince o veinte versículos que repaso cada día para mantener mi mente y mis emociones en el camino correcto. Aquí están algunos de ellos:

Y no sólo esto, sino que también nos gloriamos en las tribulaciones, sabiendo que la tribulación produce paciencia; y la paciencia, prueba; y la prueba, esperanza; y la esperanza no nos defrauda, porque el amor de Dios ha sido derramado en nuestros corazones por el Espíritu Santo que nos fue dado. (Romanos 5:3-5)

Y me ha dicho: "Bástate mi gracia, porque mi poder se perfecciona en la debilidad". Por tanto, de buena gana me gloriaré más bien en mis debilidades, para que repose sobre mí el poder de Cristo. Por lo cual, por amor a Cristo me gozo en las debilidades, en insultos, en necesidades, en persecuciones, en angustias; porque cuando soy débil, entonces soy fuerte. (2 Corintios 12:9-10)

Hermanos míos, gozaos profundamente cuando os halléis en diversas pruebas, sabiendo que la prueba de vuestra fe produce paciencia. Pero tenga la paciencia su obra completa, para que seáis perfectos y cabales, sin que os falte cosa alguna. (Santiago 1:2-4)

Sed hacedores de la palabra y no tan solamente oidores, engañándoos a vosotros mismos. (Santiago 1:22)

Le animo a que se vuelva una persona cimentada en la Palabra de Dios. Repase las promesas de Dios diariamente. He descubierto que cuando repaso estos y otros versículos cada día, ellos son suficientes para recordarme quien soy, quién me concede el poder, quién me ha dado la vida y quién me continúa dando vida.

Talvez esté luchando con una adicción específica (ya sea a una sustancia, a un patrón de pensamiento o a una forma de vida) que le está consumiendo y desviando su atención de Dios. De nuevo, este mensaje es para usted. He encontrado la libertad de la adicción a las compulsiones de la vida y ya no estoy esclavizado por la tentación (no significa que no sea tentado, sino que ya no soy un esclavo de la tentación). Creo sinceramente que usted también puede experimentar tal libertad. El Dr. Gerald May, psiquiatra, ha dicho: "todas las adicciones son medicamentos para el dolor causado por relaciones conflictivas e insatisfechas". [4] Cuando su relación con Cristo se torna viva y real (lo cual trae satisfacción verdadera), la naturaleza adictiva comienza a desvanecerse.

> ¿Qué expectativas u otros puntos de estrés que estén alejándole de Dios puede identificar? ¿Los entregaría a Dios ahora mismo?

Oro para que la historia de mi propia caída espiritual le pueda evitar perder lo que yo perdí. Quizás Dios le esté llamando a examinar su corazón ahora mismo. ¿Qué expectativas u otros puntos de estrés que estén alejándole de Dios puede identificar? ¿Los entregaría a Dios ahora mismo? No quiero que desperdicie otro momento viviendo fuera de lo mejor que Dios tiene para usted.

He escrito muchos libros a lo largo de los años, y han sido mensajes importantes que sentí que Dios quería que compartiera con otros. Pero pocas veces he estado tan ansioso como ahora por compartir lo que Dios ha puesto en mi corazón. He cometido algunos errores graves y he aprendido de primera mano que hay un precio que pagar por alejarse de Dios. Pero también he aprendido mucho sobre la gracia de Dios y que Él siempre nos da una oportunidad para regresar a Él.

SU RELACIÓN CON DIOS

1. Examine las expectativas que lleva con usted diariamente. Haga una lista de las expectativas que tiene que sean perjudiciales, irreales y que sirvan a sus propios intereses.

2. ¿Qué expectativas tiene que sean sanas y centradas en Dios? Haga una lista y compárela con su lista de expectativas perjudiciales. ¿Cuál lista es más larga?

3. En una escala de 1 a 10 (donde 10 es lo más alto), ¿cuántas expectativas contribuyen a aumentar su nivel de estrés?

VERSÍCULOS CLAVE: Lea Mateo 6:25-34
Medite sobre cómo podría buscar el reino de Dios en lugar de sus propias expectativas. Dedique un momento para orar por fortaleza y sabiduría para dejar las cosas que le están obstaculizando su relación con Dios.

HACERLO PERSONAL
Memorice Mateo 6:33-34. Asegúrese de meditar en estos versículos cuando sienta que quiere ser motivado por expectativas negativas. Encuentre un amigo que ore con usted cuando ponga prioridades divinas y aumente su lista de expectativas centradas en Dios.

4

LLEVAR CAUTIVO TODO PENSAMIENTO

Cuando era niño, me comparaba con los demás y a menudo terminaba sintiéndome inferior. Por ejemplo: creía que mis destrezas académicas no estaban a la altura de lo que se esperaba. No me iba bien en los exámenes de la escuela, era un lector lento y no podía deletrear nada. Estaba avergonzado la mayor parte del tiempo en clase con mis amigos de la escuela por lo que llegué a la conclusión de que era un tonto. Por supuesto, tampoco ayudó a mi autoestima el hecho de no haber aprobado el tercer grado. Mis hijos solían reírse a carcajadas cuando escuchaban mi historia —"Papá, ¿cómo puede alguien reprobar tercer grado?"— y yo me reía con ellos, pero le puedo asegurar que no era gracioso cuando yo era niño.

Nunca olvidaré el día en que me di cuenta que mi mente académicamente lenta era en realidad una ventaja. Porque tendía a pensar de manera simple y práctica, también tendía a enseñar de una forma simple y práctica que la gente podía entender fácilmente. Mis luchas en la escuela realmente me han hecho un mejor escritor y orador y me han dado más sensibilidad para con mi audiencia. Cuando escribo un libro como éste, me aseguro de que sea fácil de leer y que yo lo pueda entender. Pienso que si yo lo puedo entender, casi cualquiera podrá.

Estoy convencido que Dios puede usar a cualquiera para comunicar su verdad. Nada es imposible para Dios. Pero si hubiese seguido creyendo que no era lo suficientemente inteligente o que no tenía nada para ofrecer, nunca hubiese intentado escribir libros y dictar seminarios. Aún me estaría sintiendo desanimado, sin valor y "no suficientemente bueno".

He aquí una de las grandes verdades que he aprendido en el trayecto: La gente y las circunstancias no controlan nuestras respuestas sino más bien es lo que creemos lo que causa que reaccionemos, hablemos y nos comportemos de la manera en que lo hacemos.

> La gente y las circunstancias no controlan nuestras respuestas sino más bien es lo que creemos lo que causa que reaccionemos, hablemos y nos comportemos de la manera en que lo hacemos.

Haga una pausa y reflexione en esta afirmación por un momento. Cuando algo le sucede, bueno o malo, ¿Qué ocurre en sus pensamientos? Es fácil caer en la trampa de pensar que otra gente u otras circunstancias determinan nuestras emociones y nuestro estado de ánimo. Sin embargo, lo que realmente controla nuestros patrones de pensamiento es lo que hemos enterrado en lo más profundo de nosotros, lo que la Biblia llama nuestro *corazón*. Es lo que creemos en lo más profundo de nuestro ser —sobre nosotros, sobre la vida y sobre Dios—lo que determina cómo pensamos y respondemos a nuestras circunstancias.

En el 2005, di una conferencia en una iglesia grande en Kansas, Missouri. Cuando terminé, caminé por detrás de la plataforma para recoger mi maleta de mano, teléfono celular y mi dispositivo respiratorio n-CPAP, el cuál uso durante la noche para aliviar la apnea del sueño. Todo lo que encontré fue el dispositivo respiratorio; mi maleta de mano y el teléfono celular habían desaparecido. Inmediatamente comencé a pensar en lo que había en mi maleta de mano y cuán costoso era mi teléfono celular. Pensé en los regalos del cuadragésimo aniversario que había comprado para mi esposa, mis nuevas zapatillas de tenis, mi computadora (con todas mis notas de las cuales no tenía copia) y el material de mi seminario. ¡Estas cosas son irreemplazables!

"¡Esto no puede estar sucediendo!" Me dije a mí mismo. "¿Cómo puede alguien tomar mis cosas en una iglesia?"

Comencé a sentirme muy mal. El estado de ánimo optimista que había traído conmigo del seminario ahora había caído vertiginosamente en una ansiedad profunda. ¿Por qué? Porque las circunstancias señalaban que alguien había robado mis pertenencias, me sentía vulnerable. Seguía repitiéndome: "A mí me suceden cosas malas . . . soy una víctima . . . la gente que hace estas cosas es de lo peor. ¿Por qué a mí Dios? Estaba absolutamente preocupado porque nunca vería mi computadora de nuevo ni los regalos ni mi teléfono celular. Mis sentimientos iniciales fueron reacciones normales que cualquiera podría tener en una situación similar.

Por un breve período, permití que mis pensamientos acerca de mis circunstancias dictaran mi estado de ánimo. Pero en camino al aeropuerto, hice una pausa y pensé en mi actitud y decidí cambiar mi manera de pensar. Me dije: "Smalley, ¿qué es lo que realmente crees acerca de las pruebas y de ésta en particular?"

"Bueno, creo que las pruebas me hacen ser más como Dios, me dan más de su carácter, me enseñan sobre su amor, me dan más de su poder y hacen que crezca hacia la madurez".

"Bien, ¿entonces por qué estás tan alterado si lo que acaba de ocurrir tiene el potencial de acercarte a Dios? Todo lo que perdiste sólo tenía un valor temporal de cualquier manera".

En camino al aeropuerto, hice una pausa y pensé en mi actitud y decidí cambiar mi manera de pensar.

Comencé a meditar sobre algunos versículos bíblicos que hablan de la fidelidad de Dios para conmigo y concentré mi mente en los aspectos positivos de mi relación con Dios. Por el resto de la tarde y la noche — y también cuando desperté a la madrugada con un dolor de estómago preocupante— traté de recordar todas las maneras positivas en que Dios podía resolver esto permanentemente. En el medio de mi preocupación y dolor, hablé con Dios y le dije algo así: "Dios, esto parece una dura prueba para mí, como si debiera haber una medalla de oro esperándome si resisto esta dificultad. Pero Tú eres toda la recompensa que necesito. Gracias por el privilegio del sufrimiento, por el nuevo carácter que estoy adquiriendo a través de este dolor (lo cuál es mejor que cualquier medalla de oro) y por el poder adicional que me has dado a través del mismo. Espero con ansia ver los cambios en mí".

Al mirar atrás, me doy cuenta que estaba recibiendo cosas buenas de Dios aún mientras estaba afligido. Me sentí desanimado cuando recién ocurrió —lo cual es una respuesta normal cuando ocurre algo malo— pero no me revolqué en el lodo de mi desánimo como lo habría hecho en el pasado. Aún así, no lo entregué a Dios tan pronto como me hubiese gustado. Ojalá hubiese podido decir que fui inmediatamente a la Palabra de Dios y a la oración, y que ya no estaba turbado, pero al principio fue muy difícil luchar contra mí mismo. Es un proceso de aprendizaje. Aún estoy madurando y creciendo.

A la mañana siguiente, me sentí muy bien nuevamente. Mi estado de ánimo había cambiado de la noche a la mañana. Pude desprenderme de mis pertenencias perdidas y comenzar a pensar en cómo las reemplazaría. Me di cuenta que todo lo que tenía era de Dios a fin de cuentas, y yo sólo era un administrador de todo lo que me había dado.

Comencé a meditar sobre algunos versículos bíblicos que hablan de la fidelidad de Dios para conmigo y concentré mi mente en los aspectos positivos de mi relación con Dios.

En el transcurso de los acontecimientos, vi cómo mis pensamientos influenciaron mi estado de ánimo. Al principio, mis pensamientos estaban centrados en cosas temporales, mis pertenencias. Pero me di cuenta cómo mis pensamientos podían cambiar realmente lo que creía que era verdad. Cuando llevé mis pensamientos "cautivos" al recordar la fidelidad de Dios y sus otras promesas, abrí la puerta para permitir que Dios sane mis emociones y mi estado de ánimo. Recuerde, tal como nuestros pensamientos cambian con el transcurso del tiempo, nuestras vidas enteras también cambian, incluyendo nuestras emociones, palabras, acciones y aún nuestra perspectiva de la vida.

La renovación de su mente puede cambiar su corazón

"Llevando cautivo todo pensamiento a la obediencia a Cristo".[1] Si hubiese estado viviendo de acuerdo a esta verdad hace diez años, mi éxito no me hubiese distraído. Quizás usted haya escuchado la expresión: "Eres lo que piensas". Bueno, esto es en realidad un concepto bíblico. El apóstol Pablo nos exhorta a llevar cautivos todos nuestros pensamientos y traerlos en sumisión a Cristo de manera que todo nuestro ser esté completamente sujeto al señorío de Cristo. En 1 Corintios 2:16, Pablo hace una afirmación osada, diciéndonos que "tenemos la mente de Cristo". Esto no significa que tenemos toda la sabiduría, todo el conocimiento y todo el poder de Dios. Más bien, cuando llevamos nuestros pensamientos en sumisión a Cristo, nuestras mentes son moldeadas a su semejanza y podemos discernir la verdad espiritual.

Concentrar mi mente en Cristo, llevar cautivo todo pensamiento a Él, es más fácil decirlo que hacerlo. Quiero que mi mente permanezca enfocada en Él, pero tengo muchas ocupaciones y (debido a mi personalidad) me distraigo mucho. Quizás haya escuchado el dicho: "Apúrate, preocúpate, entiérrate" que se refiere a nuestra tendencia a correr hasta caer exhaustos. ¿Describe éso su vida? La mía, sí.

Recuerdo cuando me pidieron que hable en una conferencia nacional de pastores en Atlanta. Estaba programado que diera el mensaje final de una conferencia de tres días, un sábado a la tarde. Había dedicado muchas horas a la preparación de una sesión de cuarenta y cinco minutos. Esa tarde estaba entusiasmado por compartir mi mensaje. Pero, para mí, algo estaba saliendo mal: La conferencia estaba entrando en una atmósfera de reavivamiento y el segmento de adoración se estaba extendiendo más allá de lo normal ya que parecía ser dirigido sobrenaturalmente.

Cuando la conferencia ya se había retrasado una hora, yo me estaba concentrando en cuán frustrante sería no dar mi mensaje. Debo haber mirado mi reloj cada dos minutos, tratando de suponer cómo iba a funcionar esto al fin y al cabo. Incluso le pregunté al líder de la conferencia: "¿Qué vas a hacer?" Mi actitud estaba enfocada un ciento por ciento en mí, en mi reputación y en el mensaje que había preparado. Seguramente con todo el tiempo que había gastado, necesitaban escuchar mi mensaje. Entonces, en medio de lo que Dios estaba haciendo, me di cuenta: ¡Él no usa reloj! Permítame decirlo de nuevo: Dios no usa reloj. Escuché la voz de Dios decir por lo bajo: "Smalley, hoy estoy haciendo una obra poderosa aquí. ¿Estás a favor o en contra de mí?" Aprendí una lección importante ese día. Cuando los líderes de la conferencia me pidieron que cerrara la sesión con mi mensaje, les dije que creía que Dios ya había hablado a través de los hechos de ese día y que no se necesitaba decir más nada. En lugar de eso, todos los oradores subieron juntos al podio y dirigieron un tiempo de oración e hicieron un resumen de lo que Dios había hecho ese día.

Para concentrar nuestras mentes en Cristo, debemos disminuir la velocidad y sosegarnos en nuestra adoración. Debemos dejar de lado nuestra mentalidad regida por el reloj y andar al compás de la obra de Dios en el mundo. Pablo escribe: "Mirad, pues, con diligencia cómo andéis, no como necios sino como sabios".[2] Cuando llevemos cautivo todo pensamiento a Cristo, viviremos sabiamente, aprovechando al máximo cada oportunidad que el Señor provea.

> Para concentrar nuestras mentes en Cristo, debemos disminuir la velocidad y sosegarnos en nuestra adoración.

Vivimos en un mundo que está rechazando a Dios cada vez más. Cada día, se nos inunda con mensajes culturales que van en contra de la Palabra de Dios. Por eso es muy importante que renovemos nuestras mentes diariamente a través de la verdad hallada en la Escritura. Romanos 12:2 dice: "No os conforméis a este mundo, sino *transformaos por medio de la renovación de vuestro entendimiento*" Entonces, podrá probar y aprobar lo que es la voluntad de Dios, su voluntad agradable y perfecta.

¿Cómo podemos renovar nuestras mentes? Concentrándonos en la verdad transformadora de Dios. ¿Cuánto tiempo pasa pensando en las cosas de este mundo? ¿Cuánto tiempo pasa meditando en la Palabra de Dios y poniendo su mente en las cosas de arriba? Aquí están algunos versículos que he usado para llevar mis pensamientos mundanos negativos en sumisión a Cristo:

> Por lo demás, hermanos, todo lo que es *verdadero*, todo
> lo *honesto*, todo lo *justo*, todo lo *puro*, todo lo *amable*,
> todo lo que es *de buen nombre*; si hay *virtud alguna*, si algo
> *digno de alabanza, en esto pensad*. Lo que aprendisteis,
> recibisteis, oísteis y visteis en mí, esto haced; *y el Dios*
> *de paz estará con vosotros*. (Filipenses 4:8-9)

Le animo a meditar en estos versículos y a no perderse la promesa del final: "El Dios de paz estará con vosotros". Dios promete su paz —y su presencia— si concentramos nuestras mentes en las palabras poderosas que hay en este pasaje y practicamos lo que hemos aprendido.

Dedique tiempo a examinar sus pensamientos a la luz de Filipenses 4:8-9. ¿Son sus pensamientos y creencias *verdaderos, honestos, justos, puros, amables, de buen nombre y dignos de alabanza?* Si encuentra que sus creencias y pensamientos no se alinean con estos versículos, es tiempo de cambiar sus creencias y revisar sus pensamientos para alinearlos. Es así de simple.

Hay muchas otras Escrituras que se ocupan específicamente de nuestros pensamientos, pero aquí hay algunos versículos que han ayudado a transformar los míos:

- "El ladrón no viene sino para hurtar, matar y destruir; yo he venido para que tengan vida, y para que la tengan en abundancia".[3] La vida abundante está disponible ahora, para aquellos que aceptan a Cristo como su Señor.

- "Para que os dé, conforme a las riquezas de su gloria, el ser fortalecidos con poder en el hombre interior por su Espíritu; que habite Cristo por la fe en vuestros corazones, a fin de que, arraigados y cimentados en amor, seáis plenamente capaces de comprender con todos los santos cuál sea la anchura, la longitud, la profundidad y la altura, y de conocer el amor de Cristo, que excede a todo conocimiento, para que seáis llenos de toda la plenitud de Dios. Y a Aquel que es poderoso para hacer todas las cosas mucho más abundantemente de lo que pedimos o entendemos, según el poder que actúa en nosotros, a Él sea gloria en la iglesia en Cristo Jesús por todas las edades".[4] No tenemos que hacer cosas por nuestra propia fuerza, porque Dios puede hacer inconmensurablemente más de lo que podemos pedir o pensar.

- "Pero Él da mayor gracia. Por esto dice: 'Dios resiste a los soberbios y da gracia a los humildes'. Someteos, pues, a Dios; resistid al diablo, y huirá de vosotros. Acercaos a Dios, y él se acercará a vosotros".[5] Dios da gracia al humilde. Una persona humilde es aquella que reconoce su desamparo sin Dios. Controlar nuestros pensamientos puede parecer una tarea imposible, pero cuando admitimos que somos débiles, dejamos lugar para que la fuerza de Dios asuma el mando. Dios encuentra espacio para trabajar en nosotros cuando somos humildes.

- "Por esto, mis amados hermanos, todo hombre sea pronto para oír, tardo para hablar, tardo para airarse, porque la ira del hombre no obra la justicia de Dios".[6] Escuche primero, considere lo que vaya a decir y controle sus emociones.

• "Ninguna palabra corrompida salga de vuestra boca, sino la que sea buena para la necesaria edificación, a fin de dar gracia a los oyentes".[7] Si usted se esfuerza por llevar todo pensamiento cautivo a Cristo, las palabras que hable deberían ser naturalmente edificantes para los demás.

• "Sobre toda cosa que guardes, guarda tu corazón (el núcleo central de sus creencias), porque de él mana la vida".[8] Cualquier cosa que guarde en su corazón, sea bueno o malo, se reflejará inmediatamente en sus pensamientos y acciones.

Poco después de que perdí mi maleta de mano y mi celular, me sobrevino otra prueba cuando mi programa radial fue cancelado y los fondos para cubrir los gastos de la gira de presentación de mi libro fueron recortados. Me sentí desalentado la mañana en que me enteré de las novedades, pero puse en práctica las lecciones que había estado aprendiendo sobre llevar todo pensamiento cautivo a Cristo. Cuando repasé las promesas de Dios y me recordé a mí mismo de su fidelidad, descubrí que el gozo había echado raíces en mi corazón a pesar de las circunstancias. Más tarde ese mismo día, alguien me llamó para hablar sobre un conjunto de oportunidades completamente nuevas para el ministerio y pude agradecer a Dios por abrir nuevas puertas.

Aquí tiene un punto muy importante: Mi gozo no estaba supeditado a si recibía nuevas ofertas o no. Más bien era Dios trabajando en mi corazón. La lección que aprendí es esta: Cuando usted sufra —mientras esté sufriendo— agradezca a Dios porque está refinando su carácter, y el gozo pronto le seguirá. Confíe en Dios y espere que le muestre su plan superior. "Confía en Jehová con todo tu corazón y no te apoyes en tu propia prudencia. Reconócelo en todos tus caminos y él hará derechas tus veredas".[9]

La manera en que pensamos acerca de nuestras pruebas determinará nuestra perspectiva en la vida. Si nos quejamos, renegamos, preocupamos o estamos ansiosos todo el tiempo, nuestro estado de ánimo revela lo que realmente creemos es la verdad acerca de Dios y de nosotros mismos. Por otra parte, si ponemos nuestras mentes en lo que es verdadero, honesto, justo, puro, amable, de buen nombre y digno de alabanza, no nos quejaremos, renegaremos, estaremos preocupados ni ansiosos todo el tiempo. En lugar de eso, entregaremos nuestros pensamientos negativos al señorío de Cristo y tomaremos la mente de Cristo, la cual está llena de gozo y paz.

Cuando nos propongamos renovar nuestras mentes al meditar en la Palabra de Dios, nuestros corazones estarán más estrechamente alineados con el corazón de Dios y nuestra perspectiva animará a otros cuando vean la obra de Cristo en nosotros.

> Cuando nos propongamos renovar nuestras mentes al meditar en la Palabra de Dios, nuestros corazones estarán más estrechamente alineados con el corazón de Dios.

Al fin de cuentas, quiero que mi vida refleje el Espíritu de Dios. Eso significa que quiero que el fruto del Espíritu —amor, gozo, paz, paciencia, benignidad, bondad, fe, mansedumbre y templanza—caracterice mi vida.[10] "Si vivimos por el Espíritu, andemos también por el Espíritu".[11]

A medida que mis pensamientos cambian, descubro que Dios esta transformándome más y más a su semejanza. Ya no trato de cambiar mis sentimientos o estados de ánimos como solía hacerlo. Ahora me doy cuenta que la raíz de mis problemas son mis pensamientos. Si quiero ver un cambio positivo, debo llevar mis pensamientos cautivos al señorío de Cristo. Entonces mis sentimientos y mis estados de ánimo lo seguirán naturalmente.

Libertad en cautiverio

Al haber entregado mis pensamientos a Dios, descubrí que Él me permite enseñar y hablar con una mayor eficacia. Cuando hablé en Detroit en setiembre del 2004, tuve la percepción de que estaba predicando con un mayor nivel de convicción y pasión. Después del mensaje, se me acercó una mujer y me dio una nota que me alentaba y exhortaba a la vez. Decía que si aceptaba mi verdadera posición con Cristo —perdonado, llamado, bendecido y ungido— predicaría con mucha mayor denuedo y poder. Algo en sus palabras resonó en mi espíritu y le creí. Desde entonces, he notado que cuanto más llevo mis pensamientos cautivos, más irradio de la verdad de Dios a los demás.

> Si aceptáramos nuestra posición con Cristo, viviríamos con más audacia y poder, pues nuestras vidas están cautivas con Él.

También he sentido una mayor medida de fe para orar por otros. Creo que Dios me está volviendo más audaz a medida que mi creencia en Él se fortalece.

También me di cuenta de algo muy importante: Lo que me dijo la mujer en Detroit es verdad para *cada* cristiano. Si aceptáramos nuestra posición con Cristo —que nuestras vidas ahora están "escondidas con Cristo".[12]— viviríamos con más audacia y poder, pues nuestras vidas están cautivas con Él y toda la autoridad y poder que le ha sido dado.[13] Esa promesa está disponible tanto para usted como para mí.

Después de mi encuentro con la mujer en Detroit, Dios me guió a meditar en Romanos 8:5-18 y Romanos 13. Estos son resúmenes poderosos de nuestra necesidad del Espíritu Santo de Dios y la realidad de lo que Dios está haciendo en nosotros a través de su Espíritu. Poco tiempo después, estaba hablando a una preciosa pareja que estaba considerando divorciarse. Luego de escuchar su historia por un rato, le pregunté a la esposa: "¿Está usted más preocupada en el cambio que necesita en su vida o en los cambios que piensa que su esposo necesita?" Ella comenzó a llorar, puso su cabeza sobre la mesa y sollozó. Cuando levantó la vista dijo: "Tiene razón. He estado culpando a mi esposo por todos mis estados de ánimo y no lo soporto más. Ahora comprendo y creo que yo controlo mis estados de ánimo por mis propias creencias y pensamientos". Se volvió a su esposo y le dijo: "Querido, nunca te acusaré de ser mi fuente de desdicha. A partir de hoy, voy a trabajar en mí misma, con el poder de Dios, para llegar a ser la mujer que siempre has necesitado". A esas alturas, los tres estábamos llorando al ver al Espíritu de Dios cambiar el corazón de esta mujer que tomó la responsabilidad de cambiar sus pensamientos. Solía ser tímido cuando aconsejaba a alguien en una situación seria como ésta, pero ya no lo soy más.

A la mañana siguiente, oré para que una mujer fuese libre de sus temores y le fuera dado un descanso total a su alma. En ese momento tuve un nuevo entendimiento: *El temor es una emoción y una mentira del enemigo.* "Dios no nos ha dado un espíritu de temor sino de poder, de amor y una mente sana".[14] El temor hace que creamos que no podemos vencer nuestras pruebas y que ellas son malas. Pero si conocemos la *verdad* seremos libres.[15]

El temor es un recordatorio de que estamos meditando en pensamientos o creencias negativas. Pablo nos dice: "Poned la

> El temor es una emoción y una mentira del enemigo.

(nuestra) mira en las cosas de arriba, no en las de la Tierra".[16] Nos recuerda que hemos muerto a nosotros mismos y nuestras vidas ahora pertenecen a Cristo. Hagamos morir nuestra naturaleza terrenal al buscar y concentrarnos en las cosas de arriba donde Cristo mora y seremos liberados por su Espíritu que está en nosotros.

Al aprender a llevar cada pensamiento cautivo, noté una nueva libertad en viejas áreas de tentación. El otro día, estaba en un lugar donde muchas mujeres jóvenes y hermosas llevaban puesta ropa de verano. Llevaban prendas con escotes profundos, trajes de baño y pantalones cortos. Por un rato, traté simplemente de mirar a otro lado, pero no importa donde mirara, había otra mujer joven y hermosa. Aún a mi edad, reconozco su belleza, pero no permití que mis pensamientos fueran más allá de eso. He conocido muchos hombres que dirían: "Es imposible no notar una mujer o no tener fantasías sexuales con ella. Esa es la manera de ser de los hombres". Pero sea como sea nuestra manera de ser no significa que no podamos llevar nuestros pensamientos cautivos a Cristo. Job, un hombre que temía a Dios, conocía el poder del deseo y lo resistió. Él dijo: "Hice pacto con mis ojos, ¿cómo, pues, había yo de mirar a una virgen?"[17] Job, un hombre de integridad, sabía que el Señor conocía todos sus pasos.

> Estoy muy agradecido a Dios que pueda conservar mi mente pura si le permito controlar mis pensamientos.

Estoy muy agradecido a Dios que pueda conservar mi mente pura si le permito controlar mis pensamientos. Puedo admirar la creación de Dios sin recurrir al pecado. Lo mismo es cierto cuando veo autos nuevos, camionetas, equipos de pesca, ropa, casa, lo que se le ocurra. Cualquier cosa que quiera se puede tornar en deseo si le permito a mi mente ir más allá de los límites de Dios. Pero cualquier cosa que quiera también puede ser traída en sumisión a la voluntad de Dios al llevar todo pensamiento cautivo.

A continuación sigue una poderosa oración que uso cuando pareciera que no puedo detener mi mente de dirigirse hacia el pecado. Clamo a Dios y me imagino a mí mismo como si fuese un bebé recién nacido, completamente indefenso y dependiente. Le digo a Dios: "No puedo llevar todo pensamiento cautivo por mí mismo. Estoy indefenso y dependo completamente de ti. Por favor, fortaléceme ahora". Alrededor de un 95 por ciento de las veces, mis pensamientos errantes son puestos bajo control.

Usted también le puede pedir a Dios que tome el control de sus pensamientos y creencias. Cuando lo haga, podrá controlar sus variaciones de estado de ánimo, sus palabras y, por último, sus acciones. De su corazón (que está íntimamente conectado a su mente y voluntad) fluyen manantiales de vida.[18]

SU RELACIÓN CON DIOS

1. Piense en un pecado en particular con el que esté luchando. ¿Cómo contribuyen sus pensamientos al pecado?

2. Exprese en sus propias palabras, ¿qué significa llevar todos los pensamientos cautivos?

3. ¿En qué ayudan o impiden sus pensamientos a su relación con Dios?

VERSÍCULOS CLAVE: Romanos 12:1-3; 2 Corintios 10:5; Colosenses 3:2; 1 Pedro 1:13-16
Pídale al Señor que le ayude a renovar su mente diariamente de manera que pueda vivir la vida santa a la cuál Él lo ha llamado.

HACERLO PERSONAL
Dedique tiempo a considerar en oración lo que impide la renovación de su mente. Tal vez sea un programa de televisión, una revista u otra forma de entretenimiento. Asegúrese de reemplazarlo con algo que ayude a poner su mente en las cosas de arriba.

5

ACEPTAR EL FILTRO DE DIOS PARA SU VIDA

A veces parece como si las computadoras dominaran el mundo. En un sentido, son como un dios en nuestra cultura. Parecen omnipotentes, omniscientes y omnipresentes. Sin embargo, no hace falta tener mucha experiencia para darse cuenta que no son tan poderosas e infalibles. Pueden ser de gran ayuda cuando funcionan bien, pero también pueden ser un dolor de cabeza mayúsculo. ¿No ha querido alguna vez arrojar su computadora por la ventana?

Yo no crecí alrededor de las computadoras. Mi generación ha tenido que aprender a vivir con el hecho de que las computadoras están aquí para quedarse. De alguna manera, he sobrevivido a varias fallas serias de computadoras. Allá por los primeros años de mi ministerio, nuestra oficina no tenía toda la nueva tecnología que nos protege ahora; el más leve problema técnico podía retrasarnos varios días. Hemos andado un largo camino desde entonces.

Los avances tecnológicos han creado filtros de seguridad que protegen y monitorean la transferencia de información entre computadoras. Si tenemos instalados los programas apropiados, estaremos protegidos de los virus, del correo no solicitado y de otros contratiempos potenciales que pueden dañar la integridad de nuestros datos. Con la protección apropiada, toda la información disponible en línea a través de Internet y a través del correo electrónico no puede dañar mi computadora de la manera que podía hacerlo hace años.

¿Se ha detenido a pensar alguna vez que la soberanía de Dios funciona como un filtro de seguridad en nuestras vidas? Si un simple programa puede proteger nuestras computadoras de ataques externos, ¿cuánto más puede el eterno poder de Dios bloquear acontecimientos en nuestras vidas que Él no quiere que sucedan?

Aunque la mayoría de los programas de protección contra virus son confiables, necesitan ser actualizados permanentemente y no son infalibles. Dios, por supuesto, sabe todo acerca de nosotros y nuestros enemigos; Él conoce muy bien nuestras circunstancias y sabe lo que viene. Además, es infalible y su filtro está configurado para amoldarnos a su semejanza.

> Mi historia con Dios me da la confianza de que Él terminará la buena obra que comenzó en mí, y nada puede desbaratar sus planes.

Supongo que podría decir que hoy tengo más confianza en mi computadora que en el pasado, pero aún sé que la tecnología no puede resolver todos mis problemas. ¡Mi historia con ellas lo puede atestiguar! Pero mi historia con Dios me da la confianza de que Él terminará la buena obra que comenzó en mí, y nada puede desbaratar sus planes.[1] Con mi confianza en la fidelidad de Dios, ahora sé que mi vida está bajo control. Sé que Él ha filtrado todo lo que me ocurrirá hoy.

Cuando estaba en mi período más negro, tenía mucho estrés

debido a acontecimientos inesperados. Yo luchaba, pensando que un contratiempo aquí o un retraso allá podían realmente impedir el plan de Dios para mí. El temor al fracaso era una enorme fuente de estrés para mí. Finalmente, entendí que habían muchas cosas fuera de mi control y no había nada que pudiera hacer para remediarlo. Cuando entregué esas preocupaciones a Dios, experimenté un tremendo alivio.

Aún recuerdo cómo, a comienzos de mi vida cristiana, los pasajes de la Biblia sobre la fe —tales como Marcos 11:22-24 y Lucas 11 y 18— realmente me inspiraban. Para mí, el cristianismo era fresco, nuevo y apasionante. Quería complacer a Jesús con todo mi corazón. Mi corazón estaba lleno de gozo y quería que otros lo tuvieran también. Pero con el correr de los años, olvidé que Él tenía un plan para mí y traté de concebir mi propio plan para mi vida.

La mayoría de nosotros quiere saber cuál es la voluntad de Dios para nuestras vidas. Queremos saber que tenemos un propósito y que nuestras vidas importan. Como cristianos, sabemos que Dios está en control, no importa cuán fuera de control parezcan estar nuestras vidas. Pero a menudo olvidamos que Dios es realmente soberano y su soberanía actúa como un filtro en nuestras vidas.

El filtro de Dios me señala su propósito

Tal vez se esté preguntando: "¿Cuál es el propósito de Dios para mí?" Para responder a esa pregunta, debemos considerar primero la pregunta básica de por qué estamos aquí. Cuando se le preguntó a Jesús cuál era el mandamiento más importante contestó: "'Amarás al Señor tu Dios con todo tu corazón, con toda tu alma, con toda tu mente y con todas tus fuerzas'. Este es el principal mandamiento. El segundo es semejante: 'Amarás a tu prójimo como a ti mismo'. No hay otro mandamiento mayor que estos".[2] Jesús deja en claro que toda la Escritura está resumida en estos dos mandamientos. Ama a Dios y ama a tu prójimo como a ti mismo. Por consiguiente, podemos inferir que nuestro propósito como seres humanos está arraigado en las relaciones: Amar a Dios, amarnos a nosotros mismos y amar a los demás.[3]

> Nuestro propósito como seres humanos está arraigado en las relaciones: Amar a Dios, amarnos a nosotros mismos y amar a los demás.

Basados en las palabras de Jesús, sabemos que el propósito supremo de Dios para nosotros está arraigado en relaciones afectivas, ¿pero hay algo más? ¿Y qué de todas las decisiones que tenemos que tomar en la vida? ¿Se extiende la voluntad de Dios a nuestras circunstancias específicas? Sí, creo que cada persona tiene algo único que lograr para el Señor. El filtro de Dios está dispuesto de tal manera que podamos descubrir lo que Él nos llamó a hacer específicamente. En *Gozo Que Perdura (Joy That Lasts)*, usé una serie de cinco preguntas que comienzan con "M" (en inglés) para explicar cómo encontré la voluntad específica de Dios para mi vida. Estas preguntas me han ayudado a concentrarme en lo que Dios quiere para mí y cómo ha revelado fielmente su voluntad a lo largo de los años.[4]

- *Maestro:* ¿Para quién estoy viviendo?
- *Misión:* ¿Qué es lo que Dios quiere que yo haga (para Él y para los demás)?
- *Método:* ¿Cómo cumpliré mi misión?
- *Mantenimiento:* ¿Cómo evaluaré y adaptaré mis métodos?
- *Matrimonio:* ¿Estamos de acuerdo, con mi cónyuge, en nuestra misión y nuestros métodos?

MAESTRO: ¿PARA QUIÉN ESTOY VIVIENDO? La primera *M* pregunta si nuestras prioridades son correctas delante de Dios. Cuando

mi vida perdió el rumbo, fue porque había dejado de hacerme esta pregunta y había comenzado a vivir para mi propio bienestar, placer e intenciones. Desde entonces, he aprendido que debo hacerme estas preguntas cada día: ¿Para quién estoy viviendo? y ¿Qué evidencia hay de ello? Debemos examinar nuestros corazones y nuestros motivos diariamente para asegurarnos que estamos entregándonos al señorío de Cristo. El siguiente es un ejemplo de cómo oro cada mañana: "Dios, te amo. Te entrego mi vida ciento por ciento una vez más. Entiendo que el llamado más importante es amarte y amar a los demás de la manera que me amo a mí mismo. Estoy comprometido con ello, no importa lo que cueste".

MISIÓN: ¿QUÉ ES LO QUE DIOS QUIERE QUE YO HAGA (PARA ÉL Y PARA LOS DEMÁS)? Sé que servir a los demás con amor es el llamado más importante para mí. Sé que al amar y servir a los demás estoy amando y sirviendo a Dios. A veces servimos a otros por motivos egoístas, pero cuando comprometemos nuestros esfuerzos en oración, somos más proclives a servir en respuesta al amor de Dios para con nosotros, no para ganar una recompensa o los elogios de los demás.

Cuando comencé mi ministerio, sentía la tremenda carga de ayudar a la gente a restaurar sus relaciones rotas. Entonces, vinieron varias personas de mi iglesia y confirmaron lo que Dios había puesto en mi corazón. Hace años, cuando estaba pidiendo en oración que Dios me revelara cómo podía servirle, Él usó un hombre llamado Jim Stewart para confirmar la dirección que debería tomar. Jim me dijo que Dios había movido su corazón para contribuir financieramente a mi misión. Este capital inicial ayudó a poner en marcha mis seminarios para matrimonios. Después de oír confirmaciones adicionales de mis amigos, familia y otros pastores, y después de esperar que la paz de Dios se estableciera en mi corazón, me convencí de que debía dedicarme a este ministerio a tiempo completo para ayudar a sanar las relaciones.

A veces, las respuestas que buscamos de Dios no vienen tan rápido como nos gustaría. Me llevó unos dos años discernir completamente los pasos que Dios quería que tomara para comenzar mi ministerio. He aprendido, sin embargo, que cuando persistimos en poner primero a Dios, Él siempre es fiel para guiar nuestras vidas hacia su voluntad. El tiempo que Él nos da es un regalo y no tiene la intención de que lo desperdiciemos. El tiempo que pasamos buscando la voluntad de Dios para nuestras vidas nunca es tiempo desperdiciado.

> A veces, las respuestas que buscamos de Dios no vienen tan rápido como nos gustaría.

MÉTODO: ¿CÓMO CUMPLIRÉ MI MISIÓN? Dios ha regalado un conjunto de habilidades, conocimiento y experiencias de vida a cada persona. Estas combinaciones de valores únicos nos ayudan a discernir más específicamente cómo podemos servir a Dios. Pienso que es importante comprender que nuestro llamado puede no estar relacionado con nuestras ocupaciones. Lo que hacemos "para ganarnos la vida" puede ser parte de nuestro servicio, pero somos muchísimo más que nuestros trabajos.

He ayudado a los demás a sanar sus relaciones durante la mayor parte de mi carrera. Dios me ha permitido servir a otros a través de los libros, materiales audiovisuales y seminarios que he producido a lo largo de los años. Sin embargo, el tiempo que paso fuera de mi trabajo es igualmente importante para Dios. Él está interesado en cómo ocupo cada momento de mi vida. La manera en que sirvo a mi familia y amigos es también parte de la misión que Dios tiene para mí. Independientemente de dónde esté, ya sea en el trabajo, en casa o jugando, preste atención a la gente que Dios le ha puesto en su camino. ¿Cómo puede amar más a su prójimo como a usted mismo?

Qué importante es saber que Dios ha creado —de antemano— un gran plan para nuestras vidas.[5] Me encanta despertarme a la mañana y decirle a mi mejor amigo: "Señor, quizás hoy sea el día en que abrirás las puertas de uno de los sueños que has puesto en mi corazón. No veo la hora de saber lo que has planeado hoy para mí".

MANTENIMIENTO: ¿CÓMO EVALUARÉ Y ADAPTARÉ MIS MÉTODOS? A veces Dios nos da una visión de lo que quiere que llevemos a cabo, pero no nos da un plan paso a paso. A menudo, no sabemos lo que va a funcionar hasta que probamos métodos diferentes. He probado toda clase de cosas en mi servicio a Dios. Algunas han tenido éxito más allá de lo que hubiese podido imaginar, otras no funcionaron en absoluto. Algunas de mis derrotas más aplastantes han ocurrido cuando las que parecían ser grandes ideas simplemente no dieron resultado. Pero he aprendido a ajustar mis métodos y a seguir intentando.

Ya he contado la historia de cómo una campaña de comercialización directa a las iglesias y una campaña publicitaria nacional en apoyo de mis libros y seminarios fracasaron, incluso cuando parecían buenas ideas en ese tiempo. Dios usó esos esfuerzos para refinar mi carácter en lugar de lanzar un ministerio nuevo y exitoso. Pero

> Preste atención a la gente que Dios le ha puesto en su camino. ¿Cómo puede amar más a su prójimo como a usted mismo?

> He aprendido a ajustar mis métodos y a seguir intentando.

ahora estoy evaluando otras oportunidades y considerando otros métodos. Lo fundamental es que no debemos perder de vista el propósito, que es servir a Dios y a los demás de acuerdo a los dones y oportunidades que Dios nos ha provisto, y ser flexibles en cuanto a los métodos. Lo que funciona hoy puede no ser lo mejor el día de mañana. Es fácil confiar en aquello que conocemos y pasar por alto otras maneras de mejorar nuestra efectividad. Si el método se convierte en nuestro enfoque principal, podemos terminar fallando en nuestra misión por completo. Para evaluar y ajustar nuestros métodos se necesita una disciplina pensada cuidadosamente y acompañada por la oración, pero esto vale la pena para mantenernos encaminados hacia el propósito de Dios para nuestras vidas.

MATRIMONIO: ¿ESTAMOS DE ACUERDO MI CÓNYUGE Y YO CON NUESTRA MISIÓN Y NUESTROS MÉTODOS? Si no está casado(a), el siguiente punto se puede aplicar a usted y a su socio(a) en el ministerio. Sin embargo, es absolutamente esencial para quienes están casados que entiendan esto correctamente. Mi vida ha sido exitosa solamente cuando he estado en total armonía con mi esposa con respecto a la misión y a los métodos que he usado. Han habido veces en que pensé que Norma simplemente no veía aquello que Dios me estaba guiando a hacer. He llevado a cabo planes, aun cuando me sentí incómodo con ellos porque sabía que Norma no estaba de acuerdo, pero no puedo recordar una sola vez en que Dios bendijo lo que estaba haciendo cuando Norma estaba en desacuerdo. Hoy, no daría un paso en dirección alguna a menos que los dos estuviésemos de acuerdo. Este simple principio ha salvado mi cabeza una y otra vez.

Hace unos pocos años, cuando decidí que Dios quería que me jubilara y que entregara mi ministerio a mis hijos, no incluí inicialmente a mi esposa en esos planes (lo sé, fue algo tonto).

Norma reaccionó firmemente contra mi decisión y todos los temores que expresó se materializaron cuando no presté atención a sus advertencias y consejos. No resultó ser la decisión correcta para nosotros. Dios nos da cónyuges para darnos equilibrio; a menudo, pueden ver cosas que no podemos ver por nosotros mismos.

Dios puede llamar a un esposo y a una esposa a misiones específicamente diferentes (maneras diferentes de amar y servir a otros), pero Él aún quiere que se consulten entre sí. Esto puede

> Dios puede llamar a un esposo y a una esposa a misiones específicamente diferentes, pero Él aún quiere que se consulten entre sí.

parecer algo obvio, pero podemos olvidar rápidamente nuestra obligación para con nuestro cónyuge. Una parte de ser "una sola carne" es poner las necesidades de su cónyuge por sobre sus propias necesidades. Pregúntese: ¿Cómo afectará esta decisión a mi matrimonio? ¿Qué significará esto para mi esposo(a)? Su esposo(a) es un filtro que Dios usa para guiarle. Su unidad en el matrimonio será de gran valor para encontrar la dirección específica de Dios en su vida.

El filtro de Dios está siempre encendido

Dios actúa en cada aspecto de la vida. Él sabe lo que va a ocurrir ahora y por toda la eternidad. Tengo gran consuelo en la soberanía de Dios. No importa que pueda experimentar algo que no entienda, sé que Dios lo resolverá para mi supremo bienestar y para el bien de los demás. Le doy el control completo.

Sé que Dios puede interceptar cualquier cosa que venga hacia mí. Asimismo, puede permitir cualquier cosa que Él quiera que venga hacia mí. Es todopoderoso. De manera que ahora, cuando me encuentro en un dilema, lo veo de forma diferente. Sé que Dios, en última instancia, está en control y ha permitido que ocurra esta experiencia. No importa lo que sea, Él puede cambiar cualquier cosa negativa en algo positivo en mi vida. No siempre puedo aceptar este hecho tan pronto cómo me gustaría, pero confío en el filtro de Dios para mi vida.

Nos puede tomar un poco de tiempo verlo, pero el fruto de nuestras vidas dará testimonio de la obra de Dios en nosotros.

"Dad gracias en todo, porque esta es la voluntad de Dios para con vosotros en Cristo Jesús".[6] Supe muy bien este versículo por años. Pero había olvidado cómo ser agradecido por todo lo que me estaba ocurriendo. Ahora me refugio en Romanos 8:28: "Sabemos, además, que a los que aman a Dios, todas las cosas los ayudan a bien, esto es, a los que conforme a su propósito son llamados".

Vivimos en un mundo caído y nos van a suceder cosas malas. Pero las buenas nuevas son que Dios toma todas nuestras experiencias y las usa para el bien de nuestras vidas. Dios puede hacer que la circunstancia más indeseable sea para nuestro bien. Él sabe todo acerca de este mundo y todo sobre usted y yo. Él sabe incluso cuando cae un gorrión solitario. Si Él dedica tiempo para cuidar a los gorriones, sé cuánto más me protegerá. Siempre usa las cosas malas que nos ocurren para amoldarnos más a su semejanza. Nos puede tomar un poco de tiempo verlo, pero el fruto de nuestras vidas dará testimonio de la obra de Dios en nosotros.

Hablando de gorriones, algo más bien desagradable pero divertido sucedió justamente después de esta renovación en mi vida. Ocurrió tal vez dos semanas después de mi trasplante de riñón. Yo era capaz de caminar sólo cortas distancias. Todavía estaba en Los Angeles con mi esposa y mi hija. Norma había ido de compras o a hacer una diligencia y Kari y yo estábamos sentados en la habitación del hotel. Le dije: "Me gustaría salir a dar una caminata".

Antes que me dieran de alta del hospital, los médicos y las enfermeras me habían dicho: "Hay ciertas cosas que no pueden sucederle en las próximas seis a diez semanas. Número uno, bajo ninguna circunstancia puede tocar excremento de aves". Norma y yo tenemos gallinas en casa, pero se me había indicado que no debía levantarlas o tocar ninguno de sus excrementos porque eran altamente tóxicos para los pacientes de trasplante de riñón. Una y otra vez, los médicos me aleccionaban con firmeza: "Cualquier cosa que haga, no toque el excremento de animales. Ni de perros, ni de gatos, ni de aves, ni de cualquier otra cosa". Dieron énfasis a esto repetidamente.

"Muy bien, lo entendí. No tocaré ningún excremento de animal".

En ese día en particular —un bellísimo, tibio y soleado día de Noviembre— Kari y yo empezamos a caminar fuera del hotel en el centro de Los Angeles. No había caminado más de cinco metros afuera de la puerta del hotel cuando sentí una gran gota caer sobre mi cabeza. *¿Qué fue eso?*, pensé. *¿Hay algún regador encendido? ¿Habrá escupido alguien desde el edificio y me pegó?* Al mirar hacia arriba, puse la mano sobre mi cabeza y me di cuenta rápidamente que mi cabello y mi mano estaban llenas de algo viscoso, excremento de ave de color blanco y negro. No pensé que fuera un gorrión. Probablemente fue una paloma, pero a juzgar por el tamaño de la "bomba", hubiese dicho que era un águila o un cóndor de California. Todo el costado de mi cabeza estaba húmedo. El líquido viscoso estaba entrando en mi oreja y cayendo hacia un lado de mi cara. Al principio, entré en pánico, asustado de que entrara en mis ojos. Me di vuelta para ver si había agua cerca. Divisé una fuente, pero al comenzar a sacar agua con las manos, pude ver la espuma sucia y verde a los lados de la batea. ¡Más gérmenes! Entonces comencé a reír.

Lo primero que vino a mi mente fue que nunca me ocurrió algo así en el pasado, ¡y afortunadamente no me ha ocurrido desde entonces! Yo pensé: *¿Por qué ahora, que soy más susceptible a la enfermedad que se contagia a través del excremento de aves?* Pero entonces me di cuenta que Dios podía haber controlado esto. Yo podía haber dado dos pasos más allá del pájaro o haber salido un poco más lentamente del hotel. Pero no, estaba justo allí donde debía estar para recibir la carga completa directamente en mi cabeza. Me reí y dije: "Dios, debes tener un gran sentido del humor". Por más que suene extraño, vi esto como una experiencia de afianzamiento con el Señor. Cuando me di vuelta, vi que Kari estaba flexionada, muriéndose de risa.

> Mi cabello y mi mano estaban llenas de algo viscoso, excrementos de ave de color blanco y negro.

En el pasado, habría dicho: "Deja de reír; esto no es gracioso. Podría morir mañana a causa de esto". Después de recuperar la compostura, volvimos a la habitación. Me duché y me lavé el cabello dos veces con champú antiséptico. Por la gracia de Dios, no fui afectado adversamente por el incidente. Y por su gracia, pude reírme del asunto y aprender del mismo.

Más tarde, pasé tiempo en mi habitación del hotel buscando versículos sobre cómo Dios ordena nuestros pasos. 1 Pedro 1:3-7 me recordó que Dios refina nuestra fe como el oro a través de todas las pruebas que encontramos. Santiago nos dice: "Hermanos míos, gozaos profundamente cuando os halléis en diversas pruebas, sabiendo que la prueba de vuestra fe produce paciencia. Pero tenga la paciencia su obra completa, para que seáis perfectos y cabales, sin que os falte cosa alguna".[7] ¡Qué gran promesa! Si perseveramos, no nos faltará cosa alguna. Por consiguiente, podemos dar gracias y no estar amargados por las cosas que nos ocurren.

Algún tiempo después, hablé con Kari cuando estaba teniendo un día particularmente lleno de tensión. Había llegado tarde a una clase semanal que era muy importante para su hija. Kari se sintió tensionada porque quería asegurarse de que su hija se beneficiara lo máximo posible de las sesiones, pero ahora había perdido quince minutos de entrenamiento por llegar tarde. Después de la sesión, le entregaron a Kari la factura y descubrió que debía mucho más dinero, por el entrenamiento, de lo que había pensado.

Además de eso, estaba teniendo dificultades con la maestra de cuarto grado de su hijo mayor, quien le había asignado un nivel de tareas escolares apropiado para una clase universitaria. Kari sabía que su hijo estaba bajo mucha presión, y ella estaba tratando de darle vueltas a la situación en su mente, tratando de resolverla.

> Podemos dar gracias y no estar amargados por las cosas que nos ocurren.

Podía escuchar el estrés en su voz en el teléfono y sabía que todas estas preocupaciones estaban directamente relacionadas con sus expectativas, que en realidad eran bastante normales. Le recordé que Dios sabía todo lo que había sucedido en su día. No estaba diciendo que se suponía que llegara tarde o que Dios le había dicho al maestro de mi nieto que lo abrumara con tareas. Más bien, quería que Kari recordara que Dios podía tomar todas estas experiencias y usarlas para el bien de la vida de su familia. Ella no las estaba viendo como si que estuviesen filtradas por Dios bajo su cuidado soberano.

> Quería que ella recordara que Dios podía tomar todas estas experiencias y usarlas para bien.

Más tarde, esa noche, fui a visitar y a ayudar a mi nieto con algunos de sus problemas de matemáticas. Había estudiado Matemáticas en la universidad, entonces pensé que podía ayudarle a nivel de cuarto grado; ¡y hubiese podido hacerlo si no hubiesen cambiado toda la terminología! Les ofrecí quedarme por un rato de manera que Kari y su esposo, Roger, pudiesen tener algo de tiempo para orar juntos. Finalmente, le pregunté a Kari: "¿Sabía Dios todo lo que ocurriría hoy? ¿Había algo que Él no supiera? ¿Sabía Dios con anticipación de cuánto sería la factura y lo que el maestro iba a decir? ¿Permitió Dios que ocurrieran estas cosas?"

Ella agachó un poco la cabeza y dijo: "Sí. Porque Dios pudo haber elegido filtrar todas estas cosas de mi vida".

A la mañana siguiente, Kari llamó temprano y dijo: "Papá, anoche oré y examiné mis expectativas. No había visto que Dios permitió estas circunstancias y que estas luchas podían ser usadas para bien, en mi vida y en la de mis hijos. Gracias por recordármelo."

"A propósito", agregó: "Hoy estoy mucho mejor. Veo todo lo que sucede como algo permitido por Dios".

Como cristianos, sabemos que vivimos en un mundo caído y que hay cosas que nos suceden que no podemos explicar. Sabemos que la lluvia desciende sobre el justo y el injusto.[8] Aunque Dios no es la fuente de nuestros problemas, permite que nos sucedan ciertas cosas. ¿Significa eso que podemos caminar delante de un automóvil corriendo a toda velocidad sin ser lastimados? No. ¿Significa que "la vida es la vida y nadie puede hacer nada al respecto"? Pues bien, a veces tiendo a tener esa actitud acerca de las cosas de la vida que están fuera de mi control. Pero para aquellas cosas de la vida que puedo controlar —mi forma de pensar, mis

> Como cristianos, sabemos que vivimos en un mundo caído y que hay cosas que nos suceden que no podemos explicar.

acciones, mi amor por la gente, mis expectativas— quiero asumir la responsabilidad. Dios da poder para ejercer el dominio propio. De toda la raza humana, ¿sobre quién tengo el mayor control? Correcto, sobre mí mismo. Puedo influenciar a los demás. Puedo tratar de motivarlos o animarlos. Puedo hacer muchas cosas para tratar de ayudarlos, pero no puedo cambiarlos. Sólo puedo cambiarme a mí mismo. Debido a que no puedo cambiar a los demás, decido trabajar en mi propio cambio y dejarle el resto a Dios. Trabajo en mis pensamientos y en mis creencias, porque sé que me convertiré en aquello que pienso y creo.

Cuando me golpean las cosas que están más allá de mi control, no hay nada que pueda hacer al respecto excepto reconocer la soberanía de Dios. El otro día en el aeropuerto, fui escogido al azar para que mi equipaje fuese inspeccionado. Mientras la gente de seguridad inspeccionaba todo, dije: "Dios, podías haber elegido a alguien más. No me molesta perder tiempo para contribuir a la seguridad de los vuelos. Pero parece que podría perder mi vuelo. Pero aun si esto ocurre, Dios, Tú estás a cargo de mi tiempo. Podría tener que recurrir al Plan B, al Plan C, o al Plan D si fuese necesario". Cuán liberador es relajarse y permitir que el filtro de Dios refine mi vida y mi fe. Mientras tanto, mis niveles de estrés permanecen bajos.

Job entendió que Dios estaba en control de la situación. Al comienzo de

> Cuán liberador es relajarse y permitir que el filtro de Dios refine mi vida y mi fe.

su historia, vemos que Satanás anda alrededor de la Tierra buscando su siguiente víctima. Él quiere probar a Job y el Señor lo permite.[9] De hecho, Dios incluso le pide al diablo que considere a este siervo irreprochable. Dios autoriza a Satanás para que aflija a Job pero aún tiene al enemigo sujeto con una correa. Sus poderes son limitados.

La familia de Job es afectada física y espiritualmente, su casa se derrumba, sus sirvientes y su ganado son quemados y él es afligido con llagas dolorosas desde la planta de sus pies hasta la cabeza; a pesar de eso, la historia termina de una manera admirable. Job permanece fiel a Dios a través de su dolor y sufrimiento, y es prosperado nuevamente. El Señor le da a Job el doble de lo que tenía antes. Entonces, Job proclama al Señor: "Yo reconozco que todo lo puedes y que no hay pensamiento que te sea oculto. '¿Quién es el que, falto de entendimiento, oscurece el consejo?' Así hablaba yo, y nada entendía; eran cosas demasiado maravillosas para mí, que yo no comprendía."[10]

Esta historia es una gran ilustración del soberano filtro de Dios trabajando en nuestras vidas. Aunque el enemigo conspire contra nosotros, estamos seguros en los brazos del Señor. Pienso que Satanás aprendió algunas cosas a través de la prueba de Job. No sólo perdió la batalla por el alma de este humilde siervo, sino que el amor de Job por Dios se hizo más fuerte a través de toda la adversidad. Job aprendió a confiar en Dios más profundamente en los lugares más oscuros. ¡Qué legado le dejó a su familia!

He compartido con usted algunos ejemplos de mi vida que en el pasado me habrían causado realmente una gran lucha. Dedique un momento ahora y repase las cinco preguntas que comienzan con la letra "M" a la luz de su propia vida.

- ¿Para quién está viviendo?
- ¿Qué es lo que Dios quiere que usted haga (para Él y para los demás)?
- ¿Cómo cumplirá su misión?
- ¿Cómo evaluará y adaptará sus métodos?
- Si está casado, ¿están de acuerdo, usted y su cónyuge, con vuestra misión y vuestros métodos?

Piense en los acontecimientos en su vida esta semana. ¿Algo necesita ser cambiado a fin de que acepte el filtro de Dios para su vida? ¿Está confiando que Dios es, en última instancia, quién está en control? ¿Se da cuenta que Él está realmente de su lado? ¿Reconoce que el filtro de Dios está configurado específicamente para ayudarle a llevar fruto en su vida porque Dios quiere que sea el mejor siervo para Él y para los demás? Dios no nos quita la capacidad de tomar decisiones. A veces, nuestras propias decisiones nos causarán angustia y aflicción. Él puede usar aun nuestras peores decisiones para moldear y refinar nuestro carácter y hacernos más como Él. El Dios a quien servimos es el creador y el amo de todas las cosas. Él es libre de hacer lo que se le ocurra. Podemos encontrar consuelo al saber que Él no está sujeto a nuestros caprichos o debilidades y que toma sus decisiones basadas en su incondicional y eterno amor por nosotros.

SU RELACIÓN CON DIOS

1. Piense en su relación con Dios ahora mismo. ¿Quién controla su vida, usted o Dios? Explíquelo.

2. Recuerde un tiempo en su vida, que fue particularmente difícil. ¿Cómo ve la mano de Dios en esa situación ahora? ¿Qué puede ver acerca de usted mismo que no pudo ver cuando estaba en medio de la prueba?

3. ¿Cómo equilibramos la soberanía de Dios con nuestro libre albedrío? ¿Deberíamos aceptar todas las circunstancias de nuestras vidas como el filtro de Dios? ¿Por qué o por qué no?

VERSÍCULOS CLAVE: Romanos 8:28–32.
Medite en la cuidadosa protección de Dios sobre su vida y agradézcale porque conoce todos los detalles de su día.

HACERLO PERSONAL
Ponga por escrito algo de su vida que usted sepa que no puede resolver sin la ayuda de Dios. Haga una lista de lo que usted puede hacer para

encontrar la solución y de lo que solamente Dios puede hacer. Ore por este asunto por los próximos treinta días y vea cómo el Señor usa su libre albedrío y su filtro amoroso para trabajar de su parte.

6

ADORAR A DIOS EN MEDIO DE LAS PRUEBAS

Nada en la vida debería de quitar nuestro gozo en el Señor. Nada en la vida debería interrumpir nuestra adoración a Él. No importa cuáles sean las pruebas que enfrentemos, aún podemos adorar a Dios y ser agradecidos. Un corazón agradecido es un corazón saludable. Dios siempre puede usar lo que nos duele para enseñarnos donde necesitamos crecer. En lugar de luchar con Dios cuando la vida nos golpea, podemos aprender a usar nuestras pruebas para confiar en Dios como nunca antes lo habíamos hecho. Todos sabemos lo que significa sentir los golpes *esperados* e *inesperados* que la vida nos depara. Pruebas. Luchas. Problemas. Encuentros incómodos. Irritaciones. Pero a pesar de nuestras circunstancias, se pueden encontrar muchas cosas buenas si abrimos los ojos a lo que Dios está haciendo.

En este capítulo, quiero guiarle a través de un ejercicio que le enseñará cómo transformar algo negativo en su vida, en algo positivo. Verá que es posible creer y pensar correctamente aun en medio de un gran dolor.

Uno de mis autores favoritos, M. Scott Peck, comienza uno de sus libros más representativos, *The Road Less Traveled (El Camino Menos Transitado)*, con esta declaración clásica. "La vida es difícil . . . Una vez que sabemos verdaderamente que la vida es difícil —que lo comprendemos realmente y lo aceptamos— entonces la vida ya no es difícil. Porque una vez que lo aceptamos, el hecho que la vida sea difícil ya no es importante".[1] Después de sobrellevar mi cuota de pruebas, grandes y pequeñas, he aprendido a aceptarlas con gratitud. Sé que suena extraño, pero he aprendido a aceptar la adversidad con el gozo del Señor. Jesús nos llama a adoptar semejante pensamiento radical y a vivir a la manera del reino aquí en la Tierra. Si le seguimos, sufriremos tribulaciones, pero también ganaremos una recompensa celestial. Jesús dijo: "Seréis odiados por todos a causa de mi nombre . . . (Pero) . . . Con vuestra paciencia ganaréis vuestras almas".[2] Aquí está la conclusión: no podemos detener las pruebas, así que en su lugar deberíamos optar por obtener lo más que podamos de ellas. Ahora veo las pruebas como amigos fieles que me dirigen hacia Dios y me amoldan a su semejanza.

> Nada en la vida debería de quitar nuestro gozo en el Señor. Nada en la vida debería interrumpir nuestra adoración a Él.

Aprender cómo permitirle a Dios usar la tribulación y el sufrimiento para refinarme ha sido una bendición. Sabía que ésta era una verdad enseñada en la Escritura (Santiago 1:2-4; 1 Pedro 1:6-7; 4:12-14), pero recién ahora he aprendido cómo aplicarla realmente en mi vida. Esta es mi paráfrasis de Santiago 1:2-4: "Hermanos míos, considérense muy dichosos cuando tengan que enfrentarse con diversas pruebas, pues ya saben que el fuego abrasador de la vida purifica su fe y desarrolla la constancia en ustedes. Y la constancia debe llevar a feliz término la obra, para que sean perfectos e íntegros, sin que les falte nada" (NVI). Desde el punto de vista de Dios, "sin que les falte nada" se refiere a la madurez espiritual y a la sabiduría que Dios desea que todos alcancemos con su poder. Al haber comenzado a adorar a Dios a través de las pruebas, he aprendido lo que significa ser un vencedor y ser victorioso aún a través de los peores días.

Después de aprender muchas lecciones de la peor manera, aprendí finalmente a permanecer en la Palabra de Dios: "Mi Dios, pues, suplirá todo lo que os falta conforme a sus riquezas en gloria en Cristo Jesús".[3] Su palabra es poderosa y nos da la fe que necesitamos para creer que Dios está solucionando todo de acuerdo a sus riquezas y a nuestras necesidades. ¡Esa es una promesa poderosa! Me maravilla saber cuánta paz podemos tener a través de las pruebas más devastadoras si confiamos en que Dios nos cuidará. Dios quiere que compartamos cada prueba con Él y cada una de nuestras luchas.

Cuando mis riñones comenzaron a fallar, no estaba interesado en lo que Dios quería para mi vida. Mi única preocupación era sanarme, no estaba interesado en nada de lo que Dios pudiera querer enseñarme acerca de confiar en Él. La dura experiencia de someterme a la operación no era en absoluto lo que tenía en mente. Sin embargo, al mirar atrás, estoy muy agradecido porque Dios no me sanó instantáneamente. Necesitaba aprender de la peor manera acerca del regalo de la vida. Necesitaba sufrir a través de una prueba seria a fin de que tuviera la oportunidad de ser confrontado con la perversión de mi alma. Sí, Dios quería que sanara; pero más allá de la importancia de mis riñones, Él quería sanar mi corazón y mi alma. Él quería darme la oportunidad de volver a examinar mi vida. Le agradezco a Dios que me haya permitido perseverar a través de mi operación y recuperación. La insuficiencia renal resultó ser la mejor cosa que me pudo haber pasado jamás.

La búsqueda del tesoro en nuestras pruebas

Después de años de quejarme y enfurecerme contra la adversidad, he reconocido finalmente que las pruebas son como piedras preciosas arrojadas a mi paso. Encontrar lo bueno en las circunstancias malas se ha convertido en algo así como una búsqueda del tesoro. Si ha visto alguna vez una película de piratas, sabe que la búsqueda del tesoro puede ser peligrosa y llena de acción. Un cazador de tesoros sabe que hay un precio a pagar y que podría incluso costarle la vida; pero el tesoro vale la pena porque es precioso y valioso. A veces, el tesoro está enterrado en los lugares más inesperados.

Lo mismo ocurre cuando buscamos el tesoro con Dios. ¿Quién podría pensar en buscar un tesoro en el medio de la adversidad? Yo, no. Pero he descubierto algunas de las piedras preciosas más hermosas en mi vida durante los tiempos más oscuros. Tan sólo necesitaba aprender cómo descubrirlas. La búsqueda del tesoro con Dios implica invertir mi corazón y mi voluntad. Debo decidir poner mi confianza en Él, aun cuando no pueda ver lo que está haciendo, que es lo que sucede a menudo. Cuando acepto el hecho de que Dios es soberano y sabe lo que es mejor para mí, comienzo entonces a descubrir el tesoro que Él ha cultivado en mí como una perla preciosa.

Permítame mostrarle cómo descubrir el tesoro de Dios, incluso en las circunstancias más sombrías. Piense por un momento en algunas de sus peores experiencias. Tal vez haya tenido que soportar una relación rota con un padre, un hijo o un cónyuge. O quizás, su prueba es tan dolorosa como el abuso sexual en la infancia. Talvez le han despedido del trabajo recientemente. O quizás es la víctima de un accidente automovilístico que no fue su culpa pero que le dejó una incapacidad física. Cualquiera sea la fuente del dolor que usted padece, Dios quiere que lo use como un instrumento de bien en su vida. Sé que es difícil de entender, pero Dios usa el sufrimiento en nuestras vidas para lograr su propósito postrero: formarnos a la semejanza de Cristo. Aun Jesús, el Hijo unigénito de Dios, sufrió a fin de consumar el propósito de Dios: "Y, aunque era Hijo, a través del sufrimiento aprendió lo que es la obediencia; y habiendo sido perfeccionado, vino a ser autor de eterna salvación para todos los que lo obedecen".[4]

Cuando nos comprometemos, a través de un acto voluntario y una inversión del corazón, a adorar a Dios en todas las circunstancias, no podemos evitar que nuestras vidas se enriquezcan. Es algo normal evitar el dolor. Realmente, nadie quiere pasar por pruebas. Pero sabemos que "la vida es difícil" y que las pruebas son algo que Dios promete que nos sucederán. Son inevitables. Necesitamos tener una perspectiva divina sobre cómo ver las pruebas, pues se trata mayormente de un asunto de *cuándo* vendrán, y no de si *vendrán*.

Estoy convencido de que Romanos 8:28 es siempre verdad: "Sabemos, además, que a los que aman a Dios, todas las cosas los ayudan a bien, esto es, a los que conforme a su propósito son llamados". No importa quiénes seamos o qué dificultad estemos enfrentando, Dios siempre tiene una manera de solucionar todo para

> Cuando nos comprometemos, a través de un acto voluntario y una inversión del corazón, a adorar a Dios en todas las circunstancias, no podemos evitar que nuestras vidas se enriquezcan.

nuestro bien y para su gloria. Podemos arruinar las cosas completamente, u otros pueden arruinarlas por nosotros, pero Dios está trabajando de nuestra parte. ¿Se ha detenido a tratar de entender alguna vez, que hay un tesoro en cada prueba?

La búsqueda del tesoro para un cristiano no es cómo convertir plomo en oro. El proceso de refinado de Dios puede tomar un corazón frío y resentido, y transformarlo en un corazón de oro. Es fácil olvidar lo que Dios promete cuando estamos pasando por pruebas; esto es: madurez, sabiduría, gozo, fe, gloria y honor. "Bienaventurado el hombre que soporta la tentación, porque cuando haya resistido la prueba, recibirá la corona de vida que Dios ha prometido a los que lo aman" (Santiago 1:12). Debemos ver nuestro sufrimiento de la manera que Dios lo ve, como un fuego que nos purifica y nos hace más como Cristo.

¿Está listo para ir en busca del tesoro? Así funciona este proceso:

Escriba en un papel por lo menos una prueba difícil que haya tenido que enfrentar. Escriba todas las pruebas que le vengan a la mente, pero sería mejor buscar el tesoro en una sola prueba por vez de manera que no se abrume. Si nunca ha hecho un ejercicio como éste, sería mejor no empezar con una prueba actual, porque aún podría estar en la etapa de dolor. Si es así, por favor deje que el tiempo pase sin tratar de bloquear el dolor. Deje que las emociones dolorosas emerjan de adentro de todas sus pruebas. No niegue el dolor, no desee o espere que se vaya pronto y no trate de acortarlo. Santiago deja un punto muy en claro: "Pero tenga la paciencia su obra completa, para que

> El proceso de refinado de Dios puede tomar un corazón frío y resentido, y transformarlo en un corazón de oro.

seáis perfectos y cabales, sin que os falte cosa alguna".[5] Deje que el dolor continúe hasta que usted sea transformado, lo cual ocurrirá únicamente cuando Dios haya completado su trabajo en usted.

Escriba los beneficios de cada prueba. Concéntrese en lo positivo y escriba todo lo que le venga a la mente. ¿Qué ha aprendido? ¿Ha crecido? ¿De qué manera se han manifestado el fruto del Espíritu y las otras cualidades positivas formadas a través de estas pruebas? Dependiendo de la gravedad y el tipo de la prueba, puede ser que este paso sea difícil para usted, pero siga con él. También sería bueno pedirle a un grupo de amigos o familiares en quienes pueda confiar que le ayuden con este ejercicio.

La siguiente es una lista de beneficios potenciales que pueden venir de cualquier prueba dolorosa. Siéntase en libertad de hacer un círculo sobre algunos de los beneficios que reconozca en usted:

paciencia . . . comprensión . . . compasión . . . dedicación . . . conmiseración . . . mansedumbre . . . ternura . . . franqueza . . . audacia . . . energía . . . humildad . . . sumisión . . . perdón . . . perseverancia . . . esperanza . . . misericordia . . . amor . . . gozo . . . gracia . . . paz . . . bondad . . . benevolencia . . . dominio propio . . . sabiduría . . . pureza . . . santidad . . .

Cuando su lista de beneficios esté completa, comience otra lista y escriba sus virtudes, las cosas que aprecia de usted mismo. Escriba aquello que le gusta de su personalidad, talentos, características físicas, atributos mentales o espirituales y así sucesivamente. Esto le ayudará a desarrollar un espíritu de agradecimiento a Dios en lugar de un espíritu de resentimiento o amargura. Cada problema —grande o pequeño— tiene alguna clase de tesoro escondido en él, esperando ser descubierto.

Estas dos listas —cómo se ha beneficiado de las pruebas y qué es lo que aprecia profundamente de usted mismo— servirán como recordatorios de cuán valioso es usted para Dios, para los demás y para usted mismo. Dios le ama tanto que hará que las cosas funcionen para su bien mientras continúe amándole a Él, a usted mismo y a los demás. Uno de los misterios más asombrosos acerca de nuestras vidas imperfectas es que Dios usa nuestras pruebas, contratiempos y dificultades para moldearnos a su imagen.

> Cada problema —grande o pequeño— tiene alguna clase de tesoro escondido en él, esperando ser descubierto.

Reúnase con uno o más amigos para que le ayuden a buscar el tesoro de sus pruebas más grandes. Todos tenemos puntos ciegos y necesitamos el consejo de otros a fin de obtener una visión más exacta de nosotros mismos, especialmente si hemos enfrentado pruebas difíciles. A veces, tenemos problemas para ver lo bueno, pero otros pueden ver lo bueno *en nosotros.* Pregúntele a alguna persona que pueda ser objetiva y que vea las cosas en usted que usted no puede ver. Para mí, mis hijos y sus cónyuges son particularmente de gran ayuda.

Use su lista de rasgos positivos para amar a otros de manera práctica. Esto completará el ciclo positivo. Amar a otros de la manera que Cristo nos amó es el propósito final de nuestra vida. Al invertir más en los demás, sentirá una gran satisfacción y propósito. Dedique unos minutos y haga una lista de las mejores maneras en que otros le podrían servir. ¿Que le gustaría realmente que los demás hagan, digan o sean para usted? Ahora vaya y haga lo mismo.

Alabar en medio del dolor

Al reflexionar sobre mi propia vida, puedo recordar muchas pruebas dolorosas en los últimos treinta años. Mi lista sería algo así

- Perder uno de mis nietos antes de nacer.
- Perder mi comercial de televisión debido a una controversia en torno a los presentadores famosos.
- Viajar en aerolíneas comerciales (cuando se viaja tanto como lo hago yo puede ser una prueba real).
- Cualquier falta de armonía con mi esposa o mi familia.
- Casi ahogarme en México.
- Casi morir de un ataque al corazón.
- Las semanas previas y posteriores a mi trasplante de riñón.
- Perder mi plan para el ministerio en 2004.

Cuando la campaña de venta directa de mis libros y seminarios a las iglesias se derrumbó en el 2004, fue un contratiempo significativo pero temporal. Pero cuando la campaña publicitaria subsiguiente se vino abajo y perdí lo que pareció todo, en el período de una semana, fue devastador. Por alrededor de tres meses, no tuve el estado de ánimo como para buscar el tesoro de esta prueba. Pero aun cuando me estaba lamentando por mi plan fallido, hice un esfuerzo consciente (empleando mi voluntad y mi corazón) para alabar y dar gracias a Dios. Algunas veces mis oraciones eran así:

Dios, ¡socoooorroooo! Me estoy ahogando. Pero elijo darte gracias por esta prueba tremenda. No veo la hora de que el dolor disminuya y me permitas ver algo de lo que estás haciendo por mi bien y tu gloria. Confió en ti. Aun cuando estoy en medio de la tormenta y me siento dolorido —muy dolorido— te agradezco que estés en control y que estés en el medio de la tormenta conmigo.

Trato de imaginar como sería la persona en la que me convertiría si entregara mi voluntad completamente a Dios. Sabía que Él estaba obrando por mi bien, aun cuando no me sentía bien en ese momento. Para mí, es importante saber que durante todo este período doloroso, clamé a Dios en oración cada día. Permanecí conectado, incluso cuando mi dolor emocional, mis sentimientos de frustración y mi desesperanza fueron todo lo que tuve para ofrecerle por un largo tiempo.

> Sabía que Él estaba obrando por mi bien, aun cuando no me sentía bien en ese momento.

Después de un tiempo, comencé a reunirme con mi equipo para planear una nueva dirección para nuestro ministerio. Continué dictando mis seminarios mensuales y seguí buscando oportunidades para contarle a otros del nuevo mensaje que Dios había puesto en mi corazón y que podía ayudar a las parejas. Pero honestamente, no sabía que dirección tomar en el futuro.

Sobreviví al otoño del 2004 y las semanas parecían interminables, sin mayores cambios. Pero seguí buscando la dirección de Dios y confiaba en que Él estaba refinando mi carácter para hacerlo como el suyo, aun cuando no podía entenderlo. Después de aproximadamente tres meses, mi congoja disminuyó y sentí que estaba recuperando mi equilibrio. A pesar de eso, los meses de invierno parecían interminables, sin ninguna nueva oportunidad para el ministerio en el horizonte. Pero seguí buscando a Dios y agradeciéndole, sabiendo que Él tenía en mente el mejor plan para mí.

Las primeras señales de bendición

Las bendiciones pueden ser difíciles de ver en medio de la desilusión y del dolor. Pero Dios es fiel en darnos el ánimo que necesitamos

para seguir buscando. Después de lo que pareció un invierno muy largo, finalmente llegó la primavera. A fines de marzo del 2005, durante uno de mis seminarios en el sur de Florida, uno de los miembros del equipo habló con un joven que estaba conectado con un importante ministerio en otra parte del país. Nos invitó a hablar sobre algunos proyectos potenciales. En Mayo, volé a encontrarme con estas personas para considerar la manera en que podríamos asociarnos con ellos para alcanzar parejas y enriquecer matrimonios en todo el mundo. No tenía duda que Dios había orquestado esta reunión para mí. Cada conversación durante ese fin de semana parecía confirmar que mi ministerio debería ir en esa dirección. Casi en cada punto, parecía que mi oración soñada de alcanzar pastores, desarrollar consejeros para grupos pequeños y ministrar a parejas se estaba multiplicando por diez. Era algo muy positivo escuchar sus presentaciones y ver el potencial para la colaboración. ¡Parecía un abrazo de Dios!

Después de ese fin de semana, me pregunté: "¿Me hizo pasar Dios a través del dolor del 2004 para prepararme a expandir mis sueños diez veces?" Creo que sí. Mientras este libro se comienza a imprimir, aún estamos en las primeras conversaciones con nuestro socio potencial en el ministerio, pero tengo optimismo en el futuro. Aun si esta sociedad en particular no se lleva a cabo, estoy confiado en que Dios tiene algo bueno para mí. Él será fiel para transformar todo lo negativo en algo bueno para mí y para su gloria. A continuación hay algunos de los beneficios que adquirí de los contratiempos en mi ministerio:

- Soy más comprensivo con los pastores que llevan a cuestas una visión de Dios pero se sienten solos y derrotados por los líderes de la iglesia.
- Mi paciencia para cumplir mis metas se ha duplicado.

- No dependo tanto de las promesas de los demás para mi ministerio, sino que estoy más concentrado en que Dios me muestre su plan, su tiempo y su camino.
- Me he liberado de mis sentimientos de angustia hacia los proveedores que no pueden entregar lo que prometen. He visto a Dios solucionar cosas en maneras que no hubiese imaginado.
- Entiendo que puedo perder la oportunidad de asociación que está pendiente, pero más que nunca antes, mi confianza está en Dios, en lugar de estar en otra gente.
- Dios me ha concedido su paz sobrenatural en mayor medida de lo que me hubiese imaginado.

Cuando aprendamos la disciplina de buscar los tesoros de nuestras pruebas, encontraremos que los mejores tesoros son las cosas que permanecerán, como nuestro carácter y el crecimiento de nuestro amor por los demás. Cuando me detengo y me comparo con lo que era el año pasado o el año antepasado, me maravillo en gran manera. A veces retrocedo y es como si volviese a empezar de nuevo con algunas de las cualidades de mi personalidad o carácter, pero estoy cada vez más consciente de que Dios me está dando su naturaleza a través del trabajo poderoso del Espíritu Santo en mi vida.

Espero que como yo, usted también pueda ver sus luchas actuales bajo una nueva luz, como una oportunidad para crecer en su adoración a Dios. Aunque a veces parezca poco natural, nuestras pruebas son una oportunidad para expresar nuestra gratitud a Dios. Adorar a Dios continuamente es nuestro llamado primario. A veces olvidamos que la adoración y la alabanza no son solamente para tiempos de celebración. La adoración es algo que debería manar de mí conscientemente en todo momento. Cuando adoramos a Dios, nuestras mentes son elevadas por sobre nuestras circunstancias. La verdadera adoración dice: "Todo lo que necesito realmente es al Señor en mi vida, porque Él suplirá todas mis necesidades y estoy agradecido". Cada prueba lleva las semillas de la bondad y el amor de Dios. Por consiguiente, podemos dar "gracias a Dios en toda situación, porque ésta es su voluntad para [nosotros] en Cristo Jesús" (NVI).[6]

SU RELACIÓN CON DIOS

1. ¿Cuál ha sido la prueba más difícil que tuvo que enfrentar en su vida? ¿Cómo ha usado Dios esa prueba para acercarle a Él y madurar su fe?

2. Cuando está pasando por una prueba, sea grande o pequeña, ¿Se siente más conectado a Dios o menos?

3. ¿Qué le han enseñado las pruebas acerca de Dios? ¿Qué le han enseñado acerca de usted mismo?

VERSÍCULOS CLAVE: Lea Santiago 1:1-16

HACERLO PERSONAL
Piense en alguna persona que conozca que tenga una relación sana y creciente con Dios. Pregúntele cómo ha sobrellevado una prueba particularmente difícil. ¿Qué puede aprender de su testimonio que sea de ayuda para su propia relación con Dios?

7

CÓMO BUSCAR
EL CONSEJO DIVINO

No sé usted, pero yo he tomado algunas decisiones tontas en mi vida. La mayoría fueron bastante menores y afortunadamente no tuvieron ningún efecto que me cambiara la vida, pero algunas de ésas decisiones fueron errores importantes que sacudieron toda mi vida, así como la de mi familia y ministerio.

¿Alguna vez se fijó en la cantidad de decisiones que toma en un día? En nuestra cultura orientada al consumidor y a obtener lo que uno quiere, tenemos más oportunidades de escoger que nunca. Tenemos la libertad de decidir la mayoría de las cosas por nuestra cuenta. Escogemos lo que queremos creer y hacemos lo que nos parece correcto. Pero esta perspectiva individualista no funciona para los cristianos. Cuando tomamos decisiones, debemos tener en cuenta lo que Dios quiere y también lo que es bueno para los demás.

Si queremos hacer la voluntad de Dios de manera que nos volvamos día a día más como Él, debemos incluirlo en nuestras decisiones. Uno podría pensar que parece algo engreído y egocéntrico afirmar que el Dios del universo se interesa por cada detalle de nuestra vida. Pero la Biblia enseña que Él tiene todos nuestros cabellos contados y no sólo se interesa por los detalles de nuestra vida, sino que también se ocupa del último gorrión y de las flores del campo.[1] Dios desea que lo involucremos en cada detalle del día. Podemos confiar en que recibiremos su sabiduría y dirección. Santiago escribe: "si alguno de vosotros tiene falta de sabiduría, pídala a Dios, el cual da a todos abundantemente y sin reproche, y le será dada".[2] Esta sabiduría de lo alto "es primeramente pura, después pacífica, amable, benigna, llena de misericordia y de buenos frutos, sin incertidumbre ni hipocresía".[3]

Las decisiones divinas involucran consejos divinos

En mis primeros años de adulto, descubrí que mi personalidad tendía a tomar decisiones instantáneas, sin tomar en cuenta siquiera la sabiduría que Dios había puesto a mi alcance. Muchos mentores y amigos, durante este trayecto, me podrían haber evitado tomar algunas decisiones horribles si tan sólo hubiera aprovechado sus consejos. Proverbios 13:10 dice: "Con los prudentes está la sabiduría". Bueno, no he puesto en práctica siempre la toma de decisiones sabia. Aprendí a los golpes. Luego de tomar algunas de las decisiones más tontas de mi vida aislado de los demás, aprendí a aminorar la marcha y a permitirme tiempo para buscar el consejo de Dios, mi esposa y otros consejeros.

> Aprendí a aminorar la marcha y permitirme tiempo para buscar el consejo de Dios, mi esposa y otros consejeros.

Aún no sé lo que me llevó a anunciar mi retiro, a mediados de la década de 1990, a mi familia y amigos, sin consultar a nadie. Algunos de mis amigos cercanos han sugerido que estaba teniendo algún tipo de crisis de identidad combinado con un tiempo de agotamiento. Puedo recordar sentir que había dicho todo lo que tenía que decir acerca de las relaciones, y sentir que no tenía una visión de lo que debía hacer a continuación. Sentía también cierta ambivalencia acerca de mi éxito financiero. Tanto mi padre como mi madre eran personas muy sencillas y pobres, y nadie en mi familia había disfrutado de demasiado éxito, según las normas del mundo. Creo que me sentía algo culpable. También recuerdo que pensaba que tenía sentido retirarme mientras era lo suficientemente joven como para disfrutarlo. Pero ni me imaginé los efectos negativos que mi decisión provocaría.

> Cuando un hombre dice en voz alta "Ya está. Ya no voy a trabajar más. Ahora puedo hacer lo que quiero", su cuerpo llega a la conclusión de que ha hecho todo lo que necesitaba hacer y es hora de cerrar.

Poco después de hacer el anuncio apresurado, comenzaron mis problemas de salud. Según el Dr. Bruce Lipton, un biólogo celular, las células de nuestro cuerpo reaccionan literalmente a nuestras palabras, pensamientos y creencias. No es de extrañar que el hombre estadounidense promedio muera entre tres y cuatro años luego de anunciar que se jubila. Cuando un hombre dice en voz alta: "Ya está. Ya no voy a trabajar más. Ahora puedo hacer lo que quiero", su cuerpo llega a la conclusión de que ha hecho todo lo que necesitaba hacer y es hora de cerrar. Luego de lo que he leído en los últimos años, ¡no pienso retirarme jamás! Podré cambiar de ocupación, o de ministerio, pero estoy disponible para ser usado por Dios para el propósito que Él desee, cada día durante el resto de mi vida. No recuerdo haber visto en ninguna parte de la Biblia que Dios nos diga que debemos dejar de amar y servir a los demás, nuestra principal misión en la vida. Así que, ¿de qué podemos jubilarnos?

Cualesquiera hayan sido las razones de mi decisión, ciertamente no fueron el resultado de la oración y la búsqueda de consejos sabios de mi familia y mis amigos piadosos. He tenido el privilegio de conocer a líderes cristianos sabios como el Dr. James Dobson, Henry Blackaby y Chuck Swindoll. Puedo imaginarme las vigorosas carcajadas de Chuck si alguna vez me hubiese escuchado decir lo que le dije a mi familia entonces: "Creo que he hecho lo suficiente para Dios en una vida". ¿En qué estaba pensando? Si bien Dios había brindado suficientes consejos sabios para que yo aprovechara, no los usé. Todavía sigo estremeciéndome al pensar lo poco sabio que fui.

¿Y usted? No importa en qué etapa de la vida se encuentre, usted también tiene acceso a muchos consejeros sabios. ¿Está haciendo la misma tontería que yo al evitar el consejo de pastores, amigos, líderes de negocios y familiares que aman a Dios? ¿Qué decisión importante está enfrentando en este momento que teme compartir con otros?

> *¿Qué decisión importante está enfrentando en este momento que teme compartir con otros?*

Una noche, cuando vivíamos en Phoenix, invitamos a todas las parejas de nuestra junta de consejería a una reunión en la casa de unos amigos para que yo pudiera presentar una nueva idea y estrategia para nuestro ministerio. Pasé horas preparando mis notas y, camino a la reunión, le pregunté a Norma qué pensaba de mi nueva estrategia. Se lo pregunté para obtener aliento y apoyo en caso que no saliera bien la reunión. Ella me recordó que no había escuchado toda la idea hasta ese momento. Entonces hizo una pausa y no dijo nada. Finalmente le dije, impacientemente: "Bueno, ¿qué piensas?" Me miró con una expresión de preocupación y dijo: "Gary, ¡no creo que quieras escuchar lo que pienso en este mismo momento!". Unos instantes después llegamos a la casa de nuestro amigo y bajamos del coche. Se acercaron otras personas y la mayoría de los hombres me preguntaron acerca de la nueva estrategia que iba a compartir. Una vez que estuvieron todos sentados y se sirvieron refrescos, el anfitrión dio la bienvenida a todos y nos dirigió en un tiempo de oración muy especial. Una vez terminado, me tocó compartir la nueva estrategia para nuestro ministerio. Dediqué los primeros minutos a contar una historia acerca de una charla que había dado a más de novecientos hombres en un campamento cerca de Portland, donde muchos me habían pedido que hablara más seguido a los hombres. Hasta entonces, todos mis mensajes se habían centrado en parejas casadas. Leí algunas estadísticas impactantes sobre las necesidades de los hombres en Estados Unidos. Finalmente, compartí mi corazón acerca de cambiar todo nuestro ministerio para centrarse exclusivamente en el trabajo con los hombres. Los hombres de la sala parecían muy curiosos y me hicieron muy buenas preguntas acerca de cosas que no había considerado. Consideré que indicaban su apoyo.

Entonces un hombre con el cual había tenido algunas sesiones de consejería matrimonial hizo una pregunta que nadie había hecho todavía. Captó la atención de todos gritando fuerte: "¡Norma Smalley!". Todos hicieron silencio. Dijo: "Norma Smalley, quiero saber qué piensas de esta idea, luego de estar involucrada en un ministerio para parejas por más de diez años". Norma me miró a mí primero para leer la expresión de mi rostro. En mi familia decían que yo asumía una expresión adusta cuando alguien estaba por decir algo inadecuado.

El hombre repitió su pregunta: "Norma . . . ¿qué piensas de la idea?".

Ella compartió su perspectiva y comenzó a llorar. Explicó muy claramente cómo Dios nos había llamado originalmente a un ministerio centrado en las necesidades de las parejas. Habló de la satisfacción de ver cómo Dios bendecía y enriquecía a tantas personas a través de cientos de miles de libros que se habían distribuido durante nuestros seminarios mensuales, nuestras cartas y otras cosas más.

> "Si Dios está bendiciendo lo que estás haciendo ahora, ¡no cambies de rumbo!"

Cuando terminó, el hombre que había hecho la pregunta se puso de pie y dijo: "Señoras y señores, a menos que piensen distinto, creo que la decisión es obvia, y voy a citar al Dr. Howard Hendricks: "Si Dios está bendiciendo lo que estás haciendo ahora, ¡no cambies de rumbo!"".

Todos parecían emocionados porque Dios había usado a Norma para dar un consejo sano, y comenzaron a irse. Yo estaba destruido. No veía la hora de llegar al auto. Camino a casa, le dije a Norma cuán dolido me sentía porque había arruinado mi nueva idea y estrategia. Corrían lágrimas por mi rostro mientras pensaba cuánta esperanza había puesto en este sueño, y cómo había terminado.

Un mes después, recibí una llamada telefónica de un entrenador de fútbol en Colorado que quería que lo ayudara a lanzar un retiro para hombres en Boulder. La visión que tenía era llegar a por lo menos tres mil hombres en el área metropolitana de Denver. Le dije que sería un honor, pero cuando corté me quedé pensando: *Señor, creía que sólo querías que hablara a parejas.*

Para sorpresa mía, cuando Norma supo de la invitación me alentó a ir. Dijo: "Gary, creo que nuestro ministerio es para parejas,

¡pero hablar a los esposos es crítico para ayudar a cualquier matrimonio!".

En junio de 1991 hablé a más de cuatro mil hombres en un estadio de baloncesto de la Universidad de Colorado. Luego, los organizadores se reunieron para hablar de los planes para el año siguiente. Querían apuntar a todo el estado, usando el estadio de fútbol americano de Boulder para llegar a diez mil hombres. Les dije que los ayudaría y que debía ser anunciado en todo el país. Al año siguiente, volví a hablar, junto con otros conferencistas y pastores, ante una asistencia de cincuenta mil hombres.

> **Como conozco de primera mano lo que ocurre cuando tomo decisiones aisladamente, dejando a Dios de lado, ahora me propongo hablar todo el día con Él acerca de todo. Él está involucrado en todas mis decisiones diarias.**

Luego de ese encuentro exitoso, mi nuevo amigo, el entrenador Bill McCartney, dejó su equipo de fútbol de primer nivel nacional para dedicar toda su atención a su floreciente ministerio de hombres, llamado Promise Keepers.

¿Qué había estado diciendo Dios a través de los buenos y sabios consejos esa noche en Phoenix? Estaba diciendo: "Gary, no te he llamado para organizar un ministerio de hombres, sino para que formes parte de uno que será más grande que el que jamás hayas podido imaginar".

Como conozco de primera mano lo que ocurre cuando tomo decisiones aisladamente, dejando a Dios de lado, ahora me propongo hablar todo el día con Él acerca de todo. Él está involucrado en todas mis decisiones diarias. Me siento plenamente dependiente de sus consejos y su guía. Me habla a través de su Palabra, por impresiones directas en mi espíritu y a través de los sabios consejos de amigos y familiares piadosos.

Las decisiones piadosas involucran el corazón

Me sorprendí cuando me enteré, al leer *Deadly Emotions (Emociones Mortíferas)*, que el corazón humano tiene células como las del cerebro.[4] Nunca había escuchado eso antes. El Dr. Colbert escribe: "En años recientes, los neurólogos han descubierto que el corazón tiene su propio sistema independiente similar al cerebro. Hay al menos 40.000 neuronas del tipo del cerebro en el corazón humano. Esta es la misma cantidad que se encuentra en las regiones subcorticales bajo los centros de la corteza cerebral. En otras palabras, el corazón es más que una simple bomba biológica. Estas neuronas abundantes le dan capacidades para pensar y sentir".[5]

Durante la década de 1970 los investigadores John y Beatrice Lacey, de Fells Research Institute, descubrieron que el corazón humano puede llegar a tomar decisiones y hablar al cerebro. ¡Fascinante! La investigación demuestra que el cerebro parece obedecer al corazón, en contra del pensamiento popular, que considera que es al revés. El Dr. Colbert recomienda que hablemos en voz alta a nuestro corazón. Si bien no comprendo plenamente este concepto, lo que hago es orar en voz alta para que cada célula de mi cuerpo escuche.

Al comenzar a reflexionar sobre estos estudios relacionados con el corazón, me vinieron a la mente varios proverbios:

El corazón apacible es vida de la carne; más la envidia es carcoma de los huesos (Proverbios 14:30)

El corazón alegre embellece el rostro, pero el dolor del corazón abate el espíritu. (Proverbios 15:13)

El corazón inteligente busca la sabiduría, pero la boca de los necios se alimenta de necedades. (Proverbios 15:14)

El corazón del sabio hace prudente su boca, y añade gracia a sus labios. (Proverbios 16:23)

El corazón alegre es una buena medicina, pero el espíritu triste seca los huesos. (Proverbios 17:22)

Luego pensé en Ezequiel 11:19, 20: "Y les daré otro corazón y pondré en ellos un nuevo espíritu; quitaré el corazón de piedra de en medio de su carne y les daré un corazón de carne, para que anden en mis ordenanzas y guarden mis decretos y los cumplan, y sean mi pueblo y yo sea su Dios".

Al pensar en todo lo que el Señor tenía que decir sobre este órgano vital, comencé a escuchar a mi corazón y le pedí a Dios que me hablara a través de mi corazón. Mi verso favorito, que he memorizado, es Colosenses 3:15: "Y la paz de Dios gobierne en vuestros corazones, a la que asimismo fuisteis llamados en un solo cuerpo; y sed agradecidos". Este versículo deja en claro que la paz de Dios debe gobernar en nuestros corazones.

Los expertos médicos informan que nuestro corazón comunica mensajes de bienestar a nuestro cuerpo a través de hormonas y neurotransmisores útiles. Esto podría parecer algo técnico para usted y para mí, pero según algunos de los versículos de la Biblia que ha leído en este capítulo, sin duda se dio cuenta de cuánto apoya la Palabra de Dios este hecho médico. El canal de comunicación más poderoso del corazón al cuerpo es a través del campo electromagnético del corazón, que es unas cinco mil veces más poderoso que el campo electromagnético producido por el cerebro.[6] Cuando nos damos cuenta de que nuestro corazón está cargado eléctricamente y es más poderoso que nuestro cerebro, estamos más propensos a mantener el corazón a tono con el Señor. El corazón es muy poderoso. Por eso la Biblia dice: "Sobre toda cosa guardada, guarda tu corazón; porque de él mana la vida".[7]

Hace poco, con mi esposa estábamos tratando de decidir si venderíamos un pequeño terreno que teníamos sobre el lago Branson.

Teníamos candidatos para comprarlo, pero no podíamos decidir qué hacer. Ninguno de nosotros sentía paz en relación a la venta, pero no sabíamos por qué. Acordamos que esperaríamos que la paz de Dios nos dirigiera; en caso contrario, no venderíamos. Recibimos una oferta de un comprador calificado, pero todavía ninguno de nosotros sentía paz. Así que no vendimos el terreno.

Dos meses después, uno de nuestros familiares llamó y dijo que él y su esposa querían retirarse en Branson. Preguntó si sabíamos dónde podríamos encontrar una propiedad cerca del lago. Norma y yo simplemente nos miramos y contestamos con una sonrisa: "Sí, ¡sabemos!". Mientras escribo estas palabras, nuestros familiares están recorriendo la propiedad para ver la posibilidad de comprar nuestro terreno. Sea que compren la propiedad o no, sabemos que esperamos la orientación del Señor, y tenemos paz.

> Cuando nos damos cuenta de que nuestro corazón está cargado eléctricamente y es más poderoso que nuestro cerebro, estamos más propensos a mantener el corazón a tono con el Señor.

Durante muchos años en mi ministerio, era demasiado impaciente como para esperar a Dios. Me olvidé lo que era vivir con la paz constante de Dios; sólo sabía cómo se sentía ser impulsado y gobernado por el estrés. De tanto en tanto podía tener alguna sensación de paz, pero no estaba entregando conscientemente mis decisiones a Dios. Pero ahora . . . ¡Vaya, qué gozo tener la paz inconmovible de Dios! Estoy tan consciente de mi fragilidad e impotencia que no puedo imaginarme volviendo a tomar decisiones por mi cuenta.

Durante varios años, he tenido días en que no sabía cómo podría enfrentar mis responsabilidades por la gran presión que sentía.

Ahora veo cada instante que Dios me da, como un regalo. Realmente disfruto al pensar en mis próximas charlas, los libros que estoy escribiendo, las reuniones que tendré durante el día, los momentos de interacción que tendré con mi esposa y la familia, y el tiempo de juego que tendré con mis nietos. Ahora tengo la energía para entregarme más libremente. Mi compromiso de incluir a Dios en cada decisión importante ha cambiado por completo mi visión de la vida.

Cada mañana, cuando me despierto, le pido a Dios que hable a mi corazón y que revele su voluntad para mí en todo lo que haga y diga. Le pido que me faculte para escuchar a consejeros piadosos antes de tomar decisiones. Quiero ser más como mi esposa Norma: Quiero ser cuidadoso, reflexivo y cauto al tomar decisiones. Solía ser demasiado impulsivo. Era de los que "disparan primero y hacen preguntas después". Esta tendencia me ha llevado a atravesar aguas profundas y turbulentas la mayor parte de mi vida. He tenido que darme cuenta de que mi personalidad básica no va a cambiar. Pero eso no significa que sea prisionero de mis tendencias impulsivas. Sólo significa que debo renunciar conscientemente a mis tendencias impulsivas —y a muchísimas otras tendencias— ante el Señor, cada día.

> Durante muchos años en mi ministerio, era demasiado impaciente como para esperar a Dios. Me olvidé lo que era vivir con la paz constante de Dios; sólo sabía cómo se sentía ser impulsado y gobernado por el estrés.

Las decisiones piadosas requieren tiempo

El 1 de febrero del 2004 aprendí otra lección acerca de incluir a Dios en todas mis decisiones. Había estado intentando diligentemente practicar la toma decisiones en oración, pero aún estaba aprendiendo a resistir mis inclinaciones impulsivas. De nuevo, aprendí a los golpes sobre cómo *no* tomar decisiones.

Debía hablar en un seminario en Springfield, Missouri, a unos cincuenta kilómetros al norte de mi hogar en Branson. Preveía un gran fin de semana, porque conocía la gente que estaría asistiendo, y solía ser un grupo grande y receptivo. Llegué a la ciudad temprano y me registré en el hotel unas cinco horas antes del comienzo del seminario. Decidí recorrer en auto la ciudad para conocer algunas de sus atracciones. Había estado pensando en comprar una casa rodante y me dije: "Tal vez encuentre una mientras estoy aquí".

Entré en una importante tienda de vehículos de recreación y pronto ubiqué una casa rodante usada. Era justo el tipo que quería, y parecía tener un precio excelente; el vendedor ofrecía un descuento del treinta por ciento. Era un modelo más antiguo, del año 1991, pero tenía un motor flamante y había sido remodelada en su interior. Tenía un excelente aspecto, con una alfombra nueva y estaba muy limpia. Me encantaban todos los detalles, hasta el panel de madera de calidad y las alacenas de roble.

"Vaya, no quiero perderme esta oportunidad", dije. Así que la llamé a mi esposa y compartí mi entusiasmo con ella. "Norma, encontré esta casa rodante usada. Sabes cuánto he querido una para ir a los seminarios y otros viajes de familia. ¿No sería fabuloso llevar a los niños en el verano a la laguna templada y acampar allí en nuestra propia casa rodante? Hasta podríamos comprar un terrenito sobre el lago y disfrutar de los nietos allí. Podríamos hacer viajes cada tanto. ¿Qué piensas?".

Estaba muy entusiasmado por lo mucho que nos divertiríamos con la familia y me dejé llevar por mi emoción. Norma estaba de muy buen humor y pensé que estaba de acuerdo con lo que le estaba diciendo. Pero luego me di cuenta de que la había malinterpretado por completo.

Cuando finalizó el seminario el sábado al mediodía, volví a la tienda de vehículos y dejé un depósito. Llamé a Norma y le conté lo que había hecho. Estaba bastante animado y ella también parecía entusiasmada por la idea. Miré el vehículo de nuevo y llamé a mi hijo Michael y a algunos de mis amigos. Todos parecían entusiasmados. Bueno, no todos.

Mi buen amigo Jim Brawner es un gran hombre, un hombre lleno del Espíritu. Valoraba su opinión. Cuando le conté acerca del vehículo, titubeó y dijo: "¿Estás seguro de que a Norma le gusta esta idea?". Volví a la tienda y le di otra mirada al vehículo. Seguía pensando: *Esta es una ganga tan buena* . . . *y Norma parecía estar tan entusiasmada también.* Finalmente decidí seguir adelante y comenzar a firmar los papeles. Pero ahora tenía una pequeña duda en mi espíritu.

> Estaba muy entusiasmado por lo mucho que nos divertiríamos con la familia y me dejé llevar por mi emoción.

Decidí volver a llamar a Norma. Me dijo: "No, simplemente estaba aportando algunas ideas. No hablaba en serio. En realidad quiero pensarlo y discutirlo contigo. Quiero usar el Nuevo método de comunicación (LUV Talk) que hemos aprendido en los últimos años". (El método LUV Talk se explica en los capítulos 7 y 8 de mi libro *El ADN de las Relaciones*).

Confesé: "Norma, el problema es que ya firmé e hice el depósito. Pero volveré para ver si puedo salirme del contrato".

Volví al vendedor, pero a estas alturas me sentía bastante avergonzado por todo el asunto. No podía creer que había malinterpretado a mi esposa y me había metido en esto. Apenas había comenzado a dar grandes pasos para incluir a Dios en mi toma de decisiones, pero claramente, aquí me había equivocado. No sentía paz al respecto.

El gerente general de la tienda de vehículos me conocía, y cuando entramos a la oficina me entregó la copia de uno de mis libros que pertenecía a su esposa. "¿Quisiera autografiarle el libro a mi esposa?"

Bueno, ahora estaba más que avergonzado. Le había dado mi palabra a este hombre, y él conocía mi ministerio. No hacía más que pensar en lo incómodo que sería deshacer el trato. Finalmente me convencí de que debía llevar el vehículo a casa. Razonaba que no me costaría nada, porque tal vez podría venderlo y sacar una ganancia, si a Norma realmente no le gustaba. Pero me convencí de que a ella le gustaría, así que no debía preocuparme.

> Estaba más que avergonzado. Le había dado mi palabra a este hombre, y él conocía mi ministerio. No hacía más que pensar en lo incómodo que sería deshacer el trato.

El gerente de ventas me dijo que, si no quería el vehículo, éste era el momento de anular la venta. No la anulé, pero tampoco sentía paz al respecto. Estaba atrapado por mi propia vergüenza. Todo el camino a casa pensé: *Qué tonto soy. ¿Puedo ser tan necio como para meterme en algo así?* ¡Vaya remordimiento de comprador! Y ni siquiera había llegado a casa. Podría haberme tragado mi orgullo y decirle al gerente de ventas: "Cuando llegue a casa vuelvo a hablar con mi esposa del tema y lo llamo para avisarle lo que decidimos". Podría haberme salido de un lío que sólo iba a empeorar.

Mientras volvía a casa manejando el vehículo, escuchaba constantemente un ruido extraño que no había notado en la vuelta de prueba. Hasta detuve el vehículo un momento y levanté el capó para ver si encontraba algo. El capó apenas se mantuvo levantado con el soporte e hice una nota mental de hacerlo reparar.

Una vez que llegué a casa, me volvió el entusiasmo y no veía la hora de mostrarle la casa rodante a Norma. Me acerqué a la entrada y toqué la bocina. Ella salió y entró al vehículo por la puerta lateral. ¿Qué piensas, Norma?", le dije. Se quedó en silencio. Le mostré el dormitorio y la ducha. Tenía un pequeño refrigerador y un microondas. Sus primeras palabras fueron: "No me voy a quedar a pasar la noche en esto". Debía reconocer que tenía un olor particular, pero pensé que podría solucionarse con algún aerosol.

No la anulé, pero tampoco sentía paz al respecto. Estaba atrapado por mi propia vergüenza.

Mis hijos estaban entusiasmados por poder tener una casa rodante. Roger y Kari fueron los primeros en llamar para pedirla prestada. Juntaron sus cosas y tenían pensado llevarla a un campamento cerca en Arkansas, junto a un arroyo y una montaña. Sus hijos tenían todos sus juguetes y juegos electrónicos, y cargaron comida para un viaje de cuatro días. Cuando se fueron, me sentía con mucha confianza, porque finalmente alguien valoraría la compra que había hecho.

Menos de diez minutos después, recibí una llamada de Kari. "¡Papá, es espantoso!", dijo.

"¿Qué cosa, Kari? ¿Qué es espantoso?", Pregunté.

"La casa rodante se rompió y estamos en medio de un cruce. El semáforo cambió pero no podemos avanzar y sale humo de debajo del capó".

Me fui a toda velocidad adonde se encontraban, cruzando toda la ciudad, y encontré que los cables de las bujías se habían recalentado y se habían derretido sobre el motor. Llamé para que remolcaran el vehículo al taller, ayudé a Kari y a Roger a sacar las cosas de la casa rodante y ponerlas en mi camioneta y los llevé de vuelta a casa. En sus rostros se veía la desilusión por no haber podido hacer su viaje. Los llevé a todos a ver una película esa noche, para que dejaran de pensar en lo que había pasado, pero luego de esa experiencia nadie se animó a pedir prestada la casa rodante. Se convirtió, como muchas casas rodantes, en un elemento fijo del jardín trasero.

> Luego de esa experiencia nadie se animó a pedir prestada la casa rodante. Se convirtió, como muchas casas rodantes, en un elemento fijo del jardín trasero.

Luego de arreglar todo, logré que uno de los miembros de mi equipo la pidiera prestada. Fue con su familia y lograron pasar el principal semáforo de la ciudad, pero cuando salieron a la autopista notó que la casa rodante tironeaba constantemente hacia la derecha. Cuando comenzó a llover, el tironeo se volvió peligroso, porque costaba mantener derecho el vehículo en la carretera. Luego de seguir así unos kilómetros, se detuvieron al costado del camino y cancelaron el viaje.

Cuando Norma se enteró, me dijo que debíamos vender la casa rodante. Unas semanas después, encontré un comprador y no veía el momento de depositar el cheque.

Cuando volví a casa, Norma me preguntó: "¿Cómo fue todo?".

Le dije que al comprador le había gustado y la había comprado.

"¿Cuánto sacamos?", preguntó.

"Bueno . . . digamos que podría comenzar un nuevo negocio donde compro las cosas a un precio alto y las vendo a un precio bajo", dije. "Perdimos casi $10.000".

Norma permaneció en silencio.

Otra vez volví a escuchar lo que Dios había estado diciendo a mi corazón: Busca consejos piadosos al tomar decisiones. Dale tiempo a las decisiones, para que se "asienten". Presta atención a las "dudas" en tu espíritu. No avances sin la paz de Dios. Vuelvo a pensar en el día que compré la casa rodante. Estaba tan entusiasmado ante la posibilidad de ser dueño de este vehículo que perdí la perspectiva. La compré sin orar realmente. Sin los consejos de amigos piadosos, tomé una decisión precipitada. Fui en contra de lo que Dios me estaba enseñando.

Debido al fiasco de la casa rodante, Norma y yo decidimos que consultaríamos entre nosotros y llegaríamos a un acuerdo explícito antes de hacer compras por encima de cierta cantidad de dinero. Ya no habría situaciones del tipo: "Creo que a Norma le gustará esto una vez que se acostumbre a la idea". También hemos acordado que consultaríamos con algunos de nuestros buenos amigos, en quienes confiamos que son buenos mayordomos, antes de tomar una decisión final sobre una compra importante. Este sistema ha sido un buen enfoque de control y restricciones para nosotros, y me ha salvado de comprar cualquier cosa bajo presión. Gracias a esta difícil experiencia, he aprendido a frenarme y a hacerme las siguientes preguntas:

> Busca consejos piadosos al tomar decisiones. Dale tiempo a las decisiones, para que se "asienten". Presta atención a las "dudas" en tu espíritu. No avances sin la paz de Dios.

- Mi corazón, ¿está siendo gobernado por la paz de Dios?
- ¿Estoy realmente siguiendo la voluntad de Dios?
- ¿He pedido consejos a amigos piadosos?
- ¿Está Norma de acuerdo con la decisión?

Por mi personalidad, todavía me surgen muchas "grandes ideas" que quiero seguir inmediatamente. Pero estoy aprendiendo (y creo estar mejorando en esto) a escuchar a Norma y a otros consejeros sabios, lo cual ha producido una serie de buenas decisiones. Quiero escuchar a mi esposa y vivir nuestro servicio al Señor en un acuerdo mutuo. Quiero esperar en el Señor cada día, para que mis fuerzas sean renovadas y me beneficie de su sabiduría incomparable. "Todo lo puedo en Cristo que me fortalece".[8] Él me guiará a medida que confíe "en Jehová con todo [mi] corazón y no me apoye en [mi] propia prudencia".[9]

Las decisiones piadosas exigen empatía en oración

La oración es nuestra conexión de línea de vida con Dios. Sin una comunicación diaria, estaremos menos propensos a darnos cuenta de nuestra necesidad de Él. No sé cómo son sus actividades, pero sé que cada uno de mis días tiene una lista de exigencias que pueden impedir que mi corazón busque a Dios primero, si no tengo cuidado. Tenemos la tentación de pensar que podemos hacer todo a la vez. Tal vez las tareas múltiples sean su especialidad. Pero quisiera desafiarlo a buscar un lugar tranquilo para pedirle a Dios en oración, que le muestre cómo sus decisiones están afectando a otras personas. Cuando consideramos las cargas que ponemos sobre otras personas, nuestras oraciones se vuelven menos egoístas; a su vez, nuestras decisiones también pasan a ser menos egoístas.

Aquí hay un ejemplo de algo que ocurrió recientemente. Una noche me acosté a las diez y mi esposa ya estaba dormida. Aproveché este tiempo tranquilo y empecé a escuchar mi corazón. Tenía que tomar una decisión con mi hijo Greg sobre nuestro trabajo conjunto en el ministerio. Sabía que esta decisión afectaría a muchos de mis seres queridos.

Greg me había dicho unos días antes que no sentía que yo entendiera algunas de las luchas que había tenido en los últimos años con relación a su trabajo, y cómo lo afecta mi interacción con lo que él hace. Me dijo que estaba afrontando un profundo dolor emocional. Comencé a reflexionar en las luchas de estar en el ministerio juntos y las diversas experiencias que habíamos atravesado como familia. Decidí escuchar a mi corazón y a Dios para ayudarme a entender el dolor emocional de Greg, para que pudiera sentir más compasión por él. Le pedí a Dios que me diera más compasión y comprensión para con Greg, su esposa Erin y sus hijos.

Analicé en mi corazón y en mi mente lo que Greg había sufrido a lo largo de un año. Me puse en sus zapatos y mentalmente recorrí los difíciles meses de lucha que conocía. Cuando comencé a darme cuenta del peso de sus cargas, me sentí movido por la emoción y la compasión. Sabía que se había sentido un fracasado un par de veces y, como su padre, sabía que ése era uno de sus temores básicos, como ocurre con muchos hombres. Pensé en cómo tiene que haberse sentido Greg entre sus pares y amigos cercanos. Representé en mi mente cómo habría respondido a Erin y a sus hijos, y cómo habría respondido a su personal. Comencé a sentir profundas emociones y recordé a personas de mi propio pasado las cuales me habían herido profundamente.

Luego reflexioné en oración sobre mi relación con mi yerno Roger y mi hija Kari. Recordé algo de su dolor y de sus pruebas. Pensé en las luchas que el hecho de ser padres puede traer a la vida de una joven pareja, y cuánto amaban Roger y Kari a sus hijos. Mis ojos se llenaron de lágrimas al orar por ellos pidiéndole a Dios que los ayudara en todas sus decisiones como padres.

Luego pensé en las luchas de Norma, entre las cuales no era la menor el haber tenido que vivir conmigo todos estos años. Sentí algo de su dolor, especialmente del último año. Estaba más familiarizado con sus dolorosos problemas que con los de mis hijos, pero me di cuenta de que yo no entendía plenamente cuán difícil había sido el año para ella. Pensé en las muchas decisiones que yo había tomado y que habían afectado profundamente su vida. Por ejemplo, cuando decidí jubilarme y entregar mi ministerio a mis hijos, ni siquiera la había consultado, aun cuando era la vicepresidenta. Recordé una reunión de personal terriblemente devastadora cuando encaramos algunos de los cambios estructurales. Fue un duro golpe para ella, y necesitaba verme confrontado con el dolor que había sufrido como resultado de mis decisiones apresuradas. Parte de su dolor era debido a mi forma egoísta de tomar decisiones y a no prestar atención a sus advertencias.

> Pensé en las muchas decisiones que yo había tomado y que habían afectado profundamente su vida.

Finalmente, pensé en mi hijo Michael y su esposa Amy. Me quedé despierto hasta las dos de la mañana pensando en mi familia. Sabía que haberme apartado de Dios durante la década de 1990 había afectado nuestras relaciones familiares. Escuché atentamente al Espíritu de Dios mientras dirigía mi corazón y sentía que aumentaba el nivel de compasión que tenía por mi familia y mis amigos.

Para cuando me encontré con Greg la mañana siguiente, sentía que había estado viviendo su vida durante los últimos dos años, que realmente sentía su dolor y que veía cómo se había sentido afectado. Cuando se cruzaron nuestras miradas, antes que ninguno dijera una palabra, sabía que yo entendía. Sus primeras palabras fueron: "Papá, sólo necesitaba que me entendieras y veo que es así".

Hablamos de la próxima decisión durante un tiempo y luego,

como siempre hacemos, nos enviamos varios correos electrónicos con nuestras ideas sobre cómo seguir adelante. En unos pocos días teníamos un acuerdo con el cual ambos nos sentíamos en paz.

Hacer negocios con familiares nunca es fácil, y a menudo se necesita más oración. Si necesita tomar una decisión importante que involucra a su familia o a amigos cercanos, adoptar una postura de empatía en oración

> Hacer negocios con familiares nunca es fácil, y a menudo se necesita más oración.

podrá ayudarlo a actuar con una mayor medida de sabiduría. Dios ha tenido la bondad de darme una perspectiva que no podría haber obtenido sin el poder de la oración.

Las decisiones piadosas requieren prestar buena atención

Si bien soy un comunicador por oficio, aún estoy aprendiendo a mejorar. He llegado a un punto de mi vida en que me doy cuenta de que el elemento más importante de la comunicación es *escuchar*. Es probable que el 90 por ciento de nuestra comunicación con las demás personas dependa de nuestra capacidad de escucharlas y entender sus sentimientos y necesidades. Si dedicamos tiempo para entender y valorar sinceramente lo que la otra persona está diciendo, podemos ahorrar mucho tiempo más adelante. Santiago nos dice: "Por esto, mis amados hermanos, todo hombre sea pronto para oír, tardo para hablar, tardo para airarse".[10] Debemos *oír* y *entender* antes de siquiera pensar en *hacer*.

¿Cuánto tiempo y dinero habría ahorrado si hubiera entendido realmente los sentimientos de Norma acerca de la casa rodante? Es fácil no escuchar durante una conversación y sólo preocuparse por ser entendido por la otra persona.

Hoy, cuando participo en una conversación, trato de no traer ningún prejuicio. Trato de no escuchar con un oído crítico. Trato de no tomar nada en forma personal.

Trato de escuchar, entender y valorar lo que la otra persona está diciendo antes de siquiera intentar responder.

> Trato de no tomar nada en forma personal. Trato de escuchar, entender y valorar lo que la otra persona está diciendo antes de siquiera intentar responder.

Un día, tuve una conversación con el Dr. Bob Paul, copresidente y Director General del Instituto Nacional del Matrimonio, organización que fue creada como resultado de la participación de Bob en el Instituto Smalley del Matrimonio. Él fue el diseñador clave de varias de las estrategias de relación que trato en mi libro *El ADN de las Relaciones*. Al comenzar a trabajar juntos en otro proyecto, le pregunté a Bob cómo podía sentirse un ganador total en cada aspecto de nuestra colaboración. Luego le pregunté: "¿Cuáles son tus tres principales preocupaciones que debería entender, para hacerte sentir que podríamos trabajar juntos?".

Cada vez que le pido a las personas que me cuenten sus tres preocupaciones principales, toda la conversación cambia y les suele encantar compartir sus impresiones conmigo. Cuando Bob vio que realmente quería entenderlo, vi cómo su cuerpo se relajó y pudimos concretar un contrato satisfactorio.

Al reconsiderar cada una de sus tres preocupaciones, comencé a hacer preguntas más específicas. "¿Qué quieres decir con esta primera inquietud?". Comencé a extraer de él, con mayor detalle, lo que estaba diciendo. Quería que supiera que realmente entendía lo que necesitaba. Quería esperar hasta que hubiera escuchado lo máximo posible, antes de hacer la pregunta de oro: "¿Siente que entiendo lo suficiente acerca de sus inquietudes como para avanzar en la negociación de un contrato?".

Cuando nos comunicamos realmente con las personas a través de la escucha cuidadosa, ellas se sienten automáticamente valoradas. Tal vez usted sea una persona que malinterpreta fácilmente lo que dicen los demás. Esto me ha ocurrido muchas veces, así que he aprendido a hacer una pausa. Luego les repito lo que pienso que están diciendo, usando palabras diferentes o una serie de palabras y frases diferentes. Esto me da el tiempo y la oportunidad para comprender plenamente lo que han dicho.

> Cuando nos comunicamos realmente con las personas a través de la escucha cuidadosa, ellas se sienten automáticamente valoradas.

A veces introduzco imágenes verbales. Cuando sé que un amigo está enfrentando un problema, podría preguntarle: "¿Cómo te hace sentir esta lucha? Hazme una imagen verbal". La persona podría decir: "Siento como si me hubieran disparado con un rifle de alta potencia y vuelvo a casa cojeando. No sé por qué me dispararon, y estoy sangrando mucho. Creo que llegaré a casa con vida, pero estoy herido y dolido".

Sea que esté de acuerdo o disienta con el punto de vista de la otra persona, me recuerdo que es muy valiosa para Dios y, por lo tanto, es merecedora de mi respeto y consideración. En cualquier comunicación quiero que todas las partes sientan que están ganando. Quiero ser un compañero de equipo, no un tirano. No quiero sentir que estoy perdiendo una discusión y tampoco debe sentirlo nadie más. Ante todo, quiero llegar a un punto en el que todos experimentemos la paz de Dios.

Para ilustrar más este punto, le daré otro ejemplo del incidente con la casa rodante. (¿Se ha dado cuenta que aprendí mucho de esa experiencia?). Cuando Norma y yo comenzamos a discutir sobre lo que debíamos hacer con el vehículo, ella quería librarse de él y yo no. Comenzamos a reflexionar sobre sus preocupaciones. Ella dijo: "Siento que tenemos demasiadas cosas para mantener hoy, y no tenemos tiempo suficiente. Nuestro ministerio está creciendo rápidamente. Estamos muy ocupados. La casa rodante es sólo una cosa más para mantener. Debemos registrarla, asegurarla, acondicionarla para el invierno, etc. etc. Debo hacer muchas cosas porque soy la contadora y gerente financiera. Si no puedo hacer todas estas cosas, tú tendrás que intervenir para hacerlas, lo que te aleja del ministerio; eso me apena".

> En cualquier comunicación quiero que todas las partes sientan que están ganando. Quiero ser un compañero de equipo, no un tirano.

Entendí lo que decía, y tenía razón. Estábamos demasiado ocupados. En ese punto, teníamos demasiadas cosas y ni siquiera habríamos podido encontrar tiempo para disfrutar de la casa rodante. Nuestros juguetes eran nuestros dueños, y no al revés.

Entonces Norma me escuchó mientras le explicaba mis razones para mantener el vehículo. Le mencioné cuánto más fácil sería viajar a seminarios que estuvieran cerca. En vez de viajar en coche al aeropuerto y volar a estas ciudades, yo podría simplemente ir manejando a las ciudades. Aceleraría mis viajes. Además, tendría un lugar donde dormir en el camino, de ser necesario.

Yo le di todas mis razones, y sentí que me entendió. Sentí que me valoraba y que yo la estaba valorando.

Luego le dije: "Entonces, ¿cuál es la solución?".

Norma dijo: "Mientras compartías tu punto de vista, tuve una idea. ¿Y si cada vez que necesitas usar una casa rodante para viajar a un seminario que esté a menos de diez horas en automóvil la alquilas simplemente? Hay una compañía que alquila vehículos a sólo unos kilómetros de aquí. Probemos durante unos seis meses. Si nos damos cuenta de que realmente necesitamos ser dueños de una casa rodante, podemos comprar una más nueva. Y podremos deducir impuestos de todo porque lo estaremos usando para nuestro ministerio".

Me sentía como un ganador, y ella también. Sentía que ella me entendía y estaba cooperando conmigo al sugerir el alquiler. Pronto vimos que este arreglo acarreaba muchos otros beneficios. Al alquilar un vehículo, no tenemos ningún costo de mantenimiento o responsabilidades. Si la casa rodante que estoy manejando se rompe, la compañía viene y la arregla. Es una solución mutuamente beneficiosa. Esta conversación nos dio a Norma y a mí, una resolución pacífica para nuestro dilema y nos permitió hacer un poco de "búsqueda del tesoro" también. Lo que comenzó como una prueba se convirtió en una buena solución, de la cual aún me estoy beneficiando.

> Me sentía como un ganador, y ella también. Sentía que ella me entendía y estaba cooperando conmigo.

Ahora puedo decir que realmente trato de escuchar a Norma atentamente. La escucho más que nunca antes. Trato de escuchar atentamente a mis amigos, a mi corazón y a la Biblia. Cuando lo hago, estoy mucho más propenso a escuchar y prestar atención a la voz de Dios.

Las decisiones piadosas consideran el pasado

Si estoy tratando de tomar una decisión seria conjuntamente con alguien con quien he tenido una historia en común, recordar el pasado parece ayudarme a comprenderle mejor. Mi esposa y yo hemos tenido muchas buenas experiencias juntos, incluyendo momentos con nuestra familia. Por ejemplo, recuerdo las canciones que solía tocar en el reproductor de cassettes de mi pequeña casa rodante cuando mis hijos eran pequeños. Mientras recorríamos el país, Kari y yo solíamos cantar una canción de John Denver o una melodía de Andy Williams a todo pulmón mientras los varones jugaban con una pelota de fútbol americano en la parte de atrás. Estos fueron algunos de los tiempos más felices de mi vida, y valoro estos recuerdos.

Ahora, cuando estoy tratando de decidir algo importante con algunos de mis hijos, a menudo traigo el pasado para ayudarnos a decidir.

Ahora, cuando estoy tratando de decidir algo importante con algunos de mis hijos, a menudo traigo el pasado para ayudarnos a decidir. Kari me envió un correo electrónico reciente pidiendo consejos sobre su hijo. A veces se olvida de traer las tareas al hogar. Esto frustra bastante a mi hija. Como podría imaginar, le recordé cómo era ella cuando estaba en la escuela. Hablamos de lo que es realmente valioso en la vida, y ella estuvo de acuerdo en que la tarea es muy importante, pero no tanto como el carácter y el amor por Dios de su hijo. Él es muy particular y maduro para su edad; y hablamos de la carga que involucra esta madurez. Le recordé a ella quién era su hijo y lo que ya había hecho de gran importancia en su corta vida.

Kari recordó sus propios días de escuela, de los que puedo decir con orgullo que la convertían en la envidia de cualquier padre, y ella decidió dejar de lado el tema de su hijo y tratar de disfrutar de lo que había llegado a ser, en lugar de perseguirlo tan a menudo por sus tareas.

También recuerdo haber tenido algunas estupendas

conversaciones con mis hijos mientras íbamos en auto. Podríamos estar en alguna carretera solitaria de Oklahoma o Texas y simplemente comenzábamos a hablar entre nosotros sobre cualquier cosa. Los kilómetros pasaban sin darnos cuenta. Todavía hoy, pongo canciones viejas en mi reproductor de CD, cierro mis ojos (no cuando estoy manejando) y recuerdo a mi familia mientras iban creciendo. Nos divertimos muchísimo e hicimos muchas cosas juntos. Me levanta el ánimo y me recuerda las cosas que son realmente importantes en la vida.

Me gusta ponerme a recordar cosas de la vida en general. Vuelvo atrás y recuerdo los milagros que Dios ha hecho en mi vida. Recordar es una parte importante de nuestra experiencia cristiana. Nuestra historia es sagrada para Dios. Nuestro pasado, a menudo puede ayudarnos a tomar mejores decisiones en el futuro. A lo largo de todos los momentos duros del ministerio, no tengo que esforzarme demasiado para encontrar la gracia de Dios rodeándome. Muchas personas me han guiado y enseñado durante mi vida. Dios me ha dado incontables oportunidades para compartir sus principios en todas partes del mundo. Me ha abierto muchas puertas a través de videos y libros, y ha contestado muchas oraciones de parejas para salvar sus matrimonios. Las bendiciones son interminables. Los milagros y las respuestas a las oraciones del pasado me dan confianza en Él, hoy y para el futuro. Él siempre ha sido fiel. ¡Qué legado tenemos como familia! Me llena de humildad saber que nunca puedo atribuirme el mérito de estas cosas, porque Dios lo hizo todo.

El hecho de recordar a menudo, ayudó al pueblo de Dios.

> Nos divertimos muchísimo e hicimos muchas cosas juntos. Me levanta el ánimo y me recuerda las cosas que son realmente importantes en la vida.

Échele un vistazo a la Biblia y vea todas las referencias a la relación de Dios con su pueblo. Su pasado arduo, alocado, radical y atribulado formaba parte de su viaje juntos. Dios quería que su pueblo recordara todo lo que había sufrido para que pudieran recordarlo a Él. A través del deambular por el desierto, de la reconstrucción del muro de Jerusalén, de los reyes buenos y malos, de las pruebas y tribulaciones de la iglesia primitiva, nuestra historia como pueblo de Dios importa hoy. Muchas veces, el pueblo de Dios construía un altar simplemente para recordar la bondad de Dios y cómo los había librado de sus enemigos. A lo largo de los salmos, David recuerda la bondad de Dios. Jesús nos pide que lo recordemos a Él y a su sacrificio. El mandato de "recordar" es un mandato de gran importancia. Cuando reflexionamos sobre nuestras experiencias con Dios, estamos más propensos a aprender del pasado y hacer mejores elecciones en el futuro.

Cuando reflexionamos sobre nuestras experiencias con Dios, estamos más propensos a aprender del pasado y hacer elecciones mejores en el futuro.

Los israelitas se hallaban a menudo en un ciclo familiar con Dios. Se apartaban, se arrepentían y eran restaurados. Si bien seguían cometiendo los mismos errores, Dios les mostraba misericordia repetidamente. Su pacto con ellos no podía ser roto, aun cuando fueran infieles. Esta historia es importante para nosotros hoy. Podemos aprender mucho de las malas elecciones que hizo el pueblo de Dios. Podemos obtener sabiduría del estudio de la historia del pueblo de Dios y sus esfuerzos para vivir por Él.

La práctica de recordar es una parte muy importante de mi vida. De tanto en tanto, debo enfrentar decisiones en las que aún no me siento seguro, pero Dios siempre me da sus consejos y los consejos de las personas en las que confío. Él quiere que lo involucremos en las decisiones diarias de nuestra vida. Cuando involucramos a Dios en nuestras decisiones, lo involucramos en nuestra vida, y éso es lo que Él quiere. Una vez que haga esto, se asombrará de cómo florece su relación con Él.

SU RELACIÓN CON DIOS

1. ¿Qué le impide dedicar tiempo a buscar consejos piadosos en su vida?

2. Piense en un tiempo de su vida cuando tomó una decisión errónea. ¿Cuáles fueron las consecuencias? ¿Quién se vio afectado?

3. ¿Cree que Dios quiere ser incluido en cada decisión de su vida? ¿Qué tipo de decisiones de su vida cree que requieren consejos piadosos?

PASAJE CLAVE: Lea Santiago 3:13-17
Santiago habla de dos tipos de sabiduría. Aplique este pasaje a una decisión específica que está enfrentando. Pídale a Dios que le dé sabiduría del cielo.

HACERLO PERSONAL

Haga una lista de personas que usted respeta y que dedicarían tiempo para ayudarlo a tomar una decisión que considera que requiere los consejos de otros. Haga lo que pueda para fortalecer sus relaciones con personas piadosas y rodéese de amigos sabios.

8

REVISE SU RELACIÓN CON DIOS

Nunca voy a olvidar lo que me respondió un líder cristiano muy popular cuando le pregunté cómo hacía para andar con Cristo cada día. La mayor parte del tiempo, este hombre parecía una persona seria, pero me sorprendió cuando, mirándome fijamente a los ojos, me dijo: "Seguramente usted conoce la respuesta. Es . . . revisa, revisa, revisa, estúpido". Desconcertado, de inmediato le hice otra pregunta: "Esto de *estúpido*, ¿estaba dirigido a mí, o era su testimonio personal?" Ambos nos reímos mucho.

No conozco a nadie que pueda mantener una buena relación con otro sin que haya entre ellos una continua comunicación y un contacto continuo. Yo no puedo salir de la cama por la mañana si no reviso lo que está sucediendo entre Dios y yo. Hago lo mismo por la noche, reviso junto con Él el día que ha pasado. Ocasionalmente, también reflexiono en mis palabras y acciones durante el transcurso del día, pidiéndole a Dios que me moldee a su semejanza.

Cuando estoy desanimado, dedico el tiempo necesario para recordar todo lo fiel que fue Dios el día anterior, y reviso las promesas que ha hecho en su Palabra. Con frecuencia me humilla el hecho de cuán rápida y fácilmente me olvido de todo lo que Dios ha hecho por mí. Algunos días necesito recordatorios constantes.

> Cuando estoy desanimado, dedico el tiempo necesario para recordar todo lo fiel que fue Dios el día anterior, y reviso las promesas que ha hecho en su Palabra.

Hace poco sentía un pequeño malestar en el corazón. Sabía que había algo en mí que no estaba bien, pero no podía determinarlo con claridad. Una noche clamé a Dios para que me mostrara qué era lo que producía esta ansiedad. Después de un rato, me dormí sin haber recibido ninguna respuesta. A la mañana siguiente, me levanté con el mismo sentimiento de intranquilidad. Revisé mis versículos favoritos, pero el sentimiento no cambió. Esa mañana, mientras iba camino a una cita, llamé a mi esposa y le conté lo que estaba sintiendo. Ella, después de hacer una pausa, me respondió con esta pregunta: "¿Cuántas cosas sin terminar has dejado hoy en tu lista?" Pensé por un momento y le dije que últimamente no las había contado.

"¿Por qué no vuelves a casa después de tu cita, y escribes todo en un papel?", sugirió Norma.

Cuando lo hice, llené toda una página. ¡Mi lista ocupaba hasta los márgenes de la hoja! No era sorpresa, entonces, que mi corazón se sintiera mal. La lista de cosas que debía hacer parecía absolutamente abrumadora. La primera cosa que hice fue llamar a mis dos ayudantes personales y les rogué que me ayudaran. Ellos me calmaron explicándome que ya estaban haciendo la mayoría de las cosas que había en mi lista. Cuando estaba dando gracias a Dios por estos dos ayudantes tan capaces, comprendí que Él me estaba demostrando su fidelidad y que yo no tendría que haberme sentido atado por todas esas cosas. De una manera fresca y nueva, pude liberarme de mi larga lista y confiar en Dios para que Él guiara mis pasos. Tuve que dedicar un tiempo para recordar que Dios era fiel y era más grande que todas las cosas que estaban en mi lista. Tuve que recordar que todas las cosas que Él quería que yo hiciera debía hacerlas con su ayuda y en su fuerza.

Cómo comienzo mi día

¿Me permite hacerle una pregunta muy seria? ¿Cuánto tiempo pasa usted cada día meditando sobre Dios, revisando su Palabra, estudiando y memorizando su verdad revelada?

Calcule el tiempo promedio que usted invierte en esto. _____.

¿Está satisfecho con la cantidad que escribió? _____.

Si no lo está, piense en una cantidad de tiempo razonable que podría pasar con Dios. _____.

En cuanto a mí, necesito dedicar por lo menos una hora cada mañana para sentirme equipado para comenzar el día. Es muy fácil pensar que no tenemos tiempo para Dios. Pero en realidad es bastante arrogante pensar que no tenemos tiempo para nuestro Creador y Señor, para el Dios del universo. Sinceramente, ¿puede haber algo más importante en su vida, que pasar tiempo con Dios?

No me entienda mal. No he olvidado mi propia historia, aquella de cuando yo vagaba lejos de Dios, así que no estoy señalándole con el dedo. Pero si usted ha permitido que su trabajo, su esposa, sus hijos, sus pasatiempos o sus ocupaciones le impidan pasar tiempo con Dios en su vida, permítame animarle amablemente a repasar sus prioridades. Comience hoy y dedíquele a Dios el tiempo que Él necesita para darle el alimento espiritual que usted necesita.

Esto es lo que le recomiendo para que su relación con Dios sea saludable. Entable un diálogo con Él en cuanto se levante de la cama y también cuando está por acostarse por la noche.

Comience hoy y dedíquele a Dios el tiempo que Él necesita para darle el alimento espiritual que usted necesita.

No estoy sugiriendo que pase una hora con Dios cada mañana antes de levantarse de la cama. Le estoy diciendo que mi día comienza con el pie derecho cuando dedico el tiempo necesario para revisar mi relación con Dios antes de que me meta de lleno en las ocupaciones diarias. Dedico el tiempo suficiente para, al menos, repasar mis versículos favoritos y orar a Dios. Tal vez, una mañana le dedique diez minutos y a la mañana siguiente una hora. Trato de tomar el tiempo necesario para escuchar y orar hasta que siento que Dios me ha dado el alimento espiritual que necesito para el día. Si no hago esa revisión, tiendo a retornar a mis viejas rutinas y patrones de conducta. Si no tengo cuidado, puedo olvidarme de la fidelidad de Dios en tan sólo un día.

Le animo a dedicar el tiempo que sea necesario para estar a solas con Dios y revisar su andar con Él. Una vez que adquiera el hábito de dar estos pasos, verá cuán fácilmente el Espíritu maximiza el tiempo que le dedica a Dios. Si no tiene el hábito de hacer esto, comience con cinco minutos. Se sorprenderá al comprobar cuán rápidamente se va el tiempo. A medida que adquiera el hábito de comenzar su día con Dios, probablemente querrá poner la alarma de su reloj despertador un poco más temprano cada día. Yo mantengo la paz de mi corazón repasando cada mañana cinco puntos básicos:

1. Reviso quién es Dios.
2. Oro y reviso cómo Dios ha respondido mis oraciones.

3. Reviso el hecho de que Dios vive en mi corazón y que me ha llamado a servirle.

4. Reviso lo que Dios me está diciendo.

5. Reviso mi nivel de crecimiento

Ahora le voy a dar unas pocas sugerencias en cuanto a cómo puede incorporar estos cinco puntos a su rutina de todas las mañanas.

REVISE QUIÉN ES DIOS. Revisar quién es Dios le permitirá enfocarse inmediatamente en Él. Pregúntese cuáles de los atributos de Dios son especialmente significativos en su vida ahora mismo. Use los nombres de Dios para recordar cuál es su carácter y naturaleza. Dios es bueno. Dios es su escudo. Dios es su castillo. Dios es su protector. Dios es su vida. Dios es su fuerza. (Vea el apéndice A donde aparece una lista de más de cien nombres de Dios; esta lista puede animarle e inspirarle). Tome tiempo para meditar en lo que la Escritura dice acerca de Dios. (Para empezar, lea Salmos 59:9; Nahúm 1:7; Juan 3:16; 2da. Corintios 12:9; Efesios 3:18; y 1ra. Juan 4:9-10).

Cuando recuerdo quién es Dios, veo la vida desde una perspectiva mucho más realista. Si sólo dependo de mis propios recursos, fácilmente puedo pensar que algo es más importante de lo que realmente es. Pero cuando tomo tiempo para reflexionar en el carácter y la naturaleza de Dios, mi actitud y mis prioridades caen en su lugar.

Estoy doblando mis rodillas
   Delante del Padre que me creó.
Delante del Hijo que me compró.

Delante del Espíritu que me limpió.

Con amistad y afecto.

—Melodía Celta.

¡Aleluya! ¡Alabado sea el Señor! ¡Alaba, alma mía, al
Señor! Alabaré al Señor toda mi vida; mientras haya
aliento en mí, cantaré salmos a mi Dios. No pongan su
confianza en gente poderosa, en simples mortales, que
no pueden salvar. Exhalan el espíritu y vuelven al polvo,
y ese mismo día se desbaratan sus planes. Dichoso aquel
cuya ayuda es el Dios de Jacob, cuya esperanza está en el
Señor su Dios, creador del cielo y de la Tierra, del mar y
de todo cuanto hay en ellos, y que siempre mantiene la
verdad. El Señor hace justicia a los oprimidos, da de
comer a los hambrientos y pone en libertad a los
cautivos. El Señor da vista a los ciegos, El Señor
sostiene a los agobiados, el Señor ama a los justos. El
Señor protege al extranjero, sostiene al huérfano y a la
viuda, pero frustra los planes de los impíos. ¡Oh Sión,
que el Señor reine para siempre! ¡Que tu Dios reine por
todas las generaciones! ¡Aleluya! ¡Alabado sea el Señor!
(Salmo 146:1-10, NVI)

ORE Y REVISE CÓMO DIOS HA RESPONDIDO SUS ORACIONES
Todos nosotros hemos sentido alguna vez que nuestras oraciones
rebotaban en las paredes, que no pasaban más allá del techo. Pero
sabemos que Dios oye cada oración. Él siempre es fiel y nos escucha,
aun cuando nos sintamos solos al orar. En esas oportunidades,
recuerdo cómo Dios me ha demostrado una y otra vez que Él honra
la persistencia en la oración y realmente contesta.

¿Recuerda la parábola que Jesús narra en Lucas 18 acerca de la viuda insistente? Ella siguió acudiendo al juez injusto, tratando de lograr que, por misericordia, atendiera a su ruego. Durante un tiempo, el juez no estuvo dispuesto a ayudarla, pero finalmente le dio la protección legal que ella quería. ¿Quién sabe durante cuánto tiempo estuvo rogando antes de que el juez prestara atención a su espíritu determinado? Y allí Jesús dice esas palabras que cambian mi vida: "¿Y acaso Dios no hará justicia a sus escogidos, que claman a Él día y noche?" (v. 7).

Recuerdo cómo Dios proveyó un automóvil nuevo para la familia hace algunos años. Kari, que era una adolescente, y yo habíamos orado durante casi un año. En ese tiempo nuestras finanzas estaban muy ajustadas y el automóvil que teníamos era muy viejo. Kari y yo orábamos juntos cada noche pidiéndole a Dios que nos ayudara. Un día, un amigo de la familia tuvo que conducir nuestro automóvil. Cuando se hundió en el asiento roto del conductor, dijo: "Esto es patético. Ningún amigo mío debería estar conduciendo algo así. Mañana iremos al concesionario de automóviles que tú elijas y te voy a comprar un automóvil nuevo". La provisión de Dios vino directamente del cielo. Kari y yo sabíamos que Dios había oído cada una de las oraciones que habíamos hecho. Tengo muchas historias como esta que podría revisar; al recordar el final de cualquiera de ellas, me siento mucho más confiado de que mis oraciones actuales serán contestadas, como Dios quiere y en el tiempo que Él quiere. Al orar, recuerdo las palabras de Cristo en el jardín de Getsemaní: "No se haga mi voluntad, sino la tuya".[1] No

La oración requiere enfoque y compromiso. El enfoque requiere que uno esté centrado en Dios. Si no tenemos cuidado, nuestras ocupaciones pueden llegar a ser una excusa eterna para no orar.

quiero nada que no esté de acuerdo con la Palabra de Dios o con su voluntad.

La oración requiere enfoque y compromiso. El enfoque requiere que uno esté centrado en Dios. Si no tenemos cuidado, nuestras ocupaciones pueden llegar a ser una excusa eterna para no orar. Emilie Griffin dice: "Entre la intención de orar y orar en realidad, hay un instante; un instante que es tan oscuro y silencioso como cualquier otro momento de nuestra vida. Es la fracción de segundo que hay entre pensar acerca de la oración y orar realmente. Para algunos de nosotros esa fracción de segundo puede durar décadas. Pareciera que el obstáculo generacional para la oración es el simple hecho de comenzar, el simple ejercicio de la voluntad, el comenzar, el actuar, el hacer".[2]

Muchos de nosotros queremos orar con mayor frecuencia, pero raramente nos tomamos las cosas con la calma suficiente como para entrar en la presencia de Dios. Esto era exactamente lo que pasó conmigo durante muchos años. Dios nos llama a dejar de lado nuestras actividades el tiempo suficiente como para que le dediquemos tiempo a Él. Santiago escribe: "Acercaos a Dios, y Él se acercará a vosotros. Pecadores, limpiad las manos; y vosotros, los de doble ánimo, purificad vuestros corazones".[3] Cuando nos purificamos y nos acercamos a Dios en oración, Él se acerca a nosotros y transforma nuestras vidas por medio de la renovación de nuestra mente. "Así podrán comprobar cuál es la voluntad de Dios, buena, agradable y perfecta".[4] En el siglo dieciocho William Law escribió acerca de la transformación interior que se produce cuando nos dedicamos a cultivar nuestra relación con Dios: "Esta Perla de Eternidad es la Iglesia, o es el Templo de Dios dentro de ti, el lugar consagrado de adoración divina, donde tú sólo puedes adorar a Dios en Espíritu y en Verdad . . . Una vez que estés bien cimentado en esta adoración interior, habrás aprendido a vivir para Dios por encima del tiempo y del lugar. Cada día será domingo para ti, y dondequiera que vayas, tendrás un Sacerdote, una Iglesia y un Altar contigo".[5] Estas palabras de Law son antiguas (esta cita es de un libro publicado por primera vez en 1749), pero su mensaje es eterno y muy poderoso. Como cristianos, cuando llegamos a estar "bien cimentados en esta Adoración interior", creamos dentro de nosotros mismos la capacidad de entrar en la presencia de Dios, independientemente del tiempo o del lugar. Éste es el poder de la oración regular y persistente.

REVISE EL HECHO DE QUE DIOS VIVE EN SU CORAZÓN Y QUE LE HA LLAMADO A SERVIRLE. Muchas Escrituras dan testimonio al hecho de que Dios mora dentro de nosotros, que nos ha incorporado a su familia y que tiene un propósito para nuestra vida. (Para empezar, lea Salmos 17:7-8; Mateo 28:19-20; Juan 1:12; 14:27; 15:15-16; Efesios 2:8-9; 3:16-19; 1 Juan 5:11). Dios está allí para dar paz y poder si nosotros hacemos de Jesús el Señor de nuestras vidas. Medite en los versículos que le ayuden a apropiarse de esa verdad. Nunca salgo de la cama sin decir estas palabras: "Gracias Señor, por enviar a tu Espíritu para que viva en mi corazón. Gracias porque tu poder y tu amor están en mí".

"Justificados, pues, por la fe, tenemos paz para con Dios por medio de nuestro Señor Jesucristo, por quien también tenemos entrada por la fe a esta gracia en la cual estamos firmes, y nos gloriamos en la esperanza de la gloria de Dios".[6] Dios nos ha llamado a sí mismo. Hemos sido comprados por precio. A causa de Jesús, el Espíritu Santo vive en nosotros, de manera que tenemos una muy buena razón para regocijarnos.

> ¿Usted se da cuenta de lo que sucedió cuando se convirtió? Dios vino a su corazón y lo transformó en su templo".

Watchman Nee, un líder de la iglesia en China hasta su muerte acaecida en 1973, escribe en su libro *La Vida Cristiana Normal*: "¿Usted se da cuenta de lo que sucedió cuando se convirtió? Dios vino a su corazón y lo transformó en su templo. En los días de Salomón, Dios habitaba en un templo hecho de piedra, pero hoy habita en un templo hecho de creyentes vivos. Cuando realmente comprendamos que Dios ha hecho su morada en nuestros corazones, ¡qué profunda reverencia llenará nuestra vida!"[7]

REVISE LO QUE DIOS ESTÁ DICIÉNDOLE Nunca es suficiente el énfasis que puedo dar a la importancia de la lectura diaria de la Palabra de Dios, de leer con el único propósito de conocer mejor a Dios. Creo que es esencial para nuestra relación con Dios. Aquí hay unas pocas sugerencias en cuanto a cómo usted puede organizar su tiempo:

- Dedique tiempo para leer un versículo o un pasaje, varias veces y pídale a Dios que le ayude a escuchar. Hágase estas preguntas esenciales: ¿Qué? ¿Cuándo? ¿Dónde? ¿Cómo? ¿Quién? y ¿Por qué?
- Estudie detalladamente las palabras más significativas. Busque otros pasajes donde aparecen esas mismas palabras. Memorice uno o dos versículos para repetir a la mañana siguiente.
- Escuche. Aquiete su corazón para que el Espíritu Santo pueda hablarle a través de la Palabra de Dios. Reflexione en lo que el Espíritu Santo le señale y cómo se relaciona esto con el resto de la Biblia y con la vida en general.
- Pase de la meditación a la aplicación; conecte sus pensamientos a la acción. Considere de qué manera la verdad y el poder de la Palabra de Dios deberían afectar su conducta hoy.

En la cultura apresurada de hoy, es fácil llenarse de muchas ocupaciones y pasar menos y menos tiempo con la Biblia. Pero en la actualidad tenemos más oportunidades para escuchar o leer la Palabra de Dios de las que hemos tenido antes. Podemos escuchar mensajes por radio, por Internet, por medio de cassettes o discos compactos, por medio de conferencias, estudios bíblicos y especialmente en nuestras iglesias. He pasado por períodos cuando pensaba que ya había escuchado todos los mensajes que podía escuchar en toda mi vida. Mi corazón se endureció, no escuchaba nada fresco o nuevo, y no le permitía a Dios que me hablara a través de su Palabra. Esa fue una insensatez. Ninguno de nosotros podría ni siquiera pensar que espiritualmente somos tan auto suficientes que no necesitamos escuchar o leer la Palabra de Dios diariamente. Así como necesitamos alimentarnos físicamente cada día, también necesitamos alimentarnos espiritualmente cada día.

- "Bienaventurado el que lee y los que oyen las palabras de esta profecía, y guardan las cosas en ella escritas, porque el tiempo está cerca". (Apocalipsis 1:3).
- "Lámpara es a mis pies tu palabra y lumbrera a mi camino". (Salmo 119:105).
- "Toda la Escritura es inspirada por Dios y útil para enseñar, para redargüir, para corregir, para instruir en justicia, a fin de que el hombre de Dios sea perfecto, enteramente preparado para toda buena obra" (2 Timoteo 3:16-17).

REVISE SU NIVEL DE CRECIMIENTO Al poner en práctica estos pasos, es posible que a veces se desanime. Puede ser que apague la alarma de su reloj despertador varias veces y se pierda de comenzar su día con Dios. No se desanime. No importa lo que suceda, siga pasando tiempo con Dios, y revise el nivel de crecimiento de su relación con Él.

> Cada mañana paso, más o menos, cinco minutos revisando lo que sucedió y me afectó en las últimas veinticuatro horas.

Cada mañana paso, más o menos, cinco minutos revisando lo que sucedió y me afectó en las últimas veinticuatro horas. Medito en la manera que hubiera querido reaccionar frente a algunas situaciones y le pido a Dios que me dé las fuerzas para actuar de manera diferente en el futuro. Es importante dedicar un tiempo a confesar los pecados a Dios y a experimentar su perdón. Usted ha escuchado decir que cada día es el primer día del resto de su vida. Haga que cada día sea importante. La gracia de Dios es suficiente.

Éstas son algunas preguntas que debe hacerse:

- ¿Qué me enseñó Dios, ayer, acerca de mi vida?
- ¿Qué está Dios refinando, puliendo y confrontando en mí?
- ¿Cómo me usó Dios, ayer, en su servicio?
- ¿Cómo usé mis dones espirituales para amar a los demás?

El crecimiento santo y el buen carácter, son el resultado de nuestro andar diario con Dios. Calvin Miller dijo: "Uno puede comprar personalidad por poco dinero, pero el carácter no está a la venta. El carácter crece por el poder de Dios en nosotros cada día por medio de todo lo que experimentamos. El carácter se forma gradualmente mediante el proceso de permitirle a Dios que nos haga siervos suyos".

El apóstol Pablo revela el secreto de un carácter piadoso: "Con Cristo estoy juntamente crucificado, y ya no vivo yo, mas vive Cristo en mí; y lo que ahora vivo en la carne, lo vivo en la fe del Hijo de Dios, el cual me amó y se entregó a sí mismo por mí".[8]

El apóstol Pedro lo dice de esta manera: "Por lo cual vosotros os alegráis, aunque ahora por un poco de tiempo, si es necesario, tengáis que ser afligidos en diversas pruebas, para que, sometida a prueba vuestra fe, mucho más preciosa que el oro (el cual, aunque perecedero, se prueba con fuego), sea hallada en alabanza, gloria y honra cuando sea manifestado Jesucristo".[9]

Otros versículos que quizás usted quiera revisar (y memorizar) son: Salmos 55:16-17; Mateo 11:28; Romanos 5:3-5; 1 Corintios 16:13; Filipenses 3:20-21; y Hebreos 12:7-11.

Nuestra relación con Dios es una obra en progreso. Nunca está terminada. Cambia diariamente. Aunque no podamos detectarlo, nuestro crecimiento sigue adelante. En nuestro viaje con Dios, no existe tal cosa como permanecer inmóviles. O estamos creciendo y acercándonos a Él, o estamos retrocediendo y alejándonos de Él.

Pablo escribe: "Ejercítate para la piedad, porque el ejercicio corporal para poco es provechoso, pero la piedad para todo aprovecha, pues tiene promesa de esta vida presente y de la venidera".[10]

> Nuestra relación con Dios es una obra en progreso. Nunca está terminada. Cambia diariamente.

La ejercitación incluye tanto práctica como persistencia. Pablo también escribe: "No que lo haya alcanzado ya, ni que ya sea perfecto; sino que prosigo, por ver si logro asir aquello para lo cual fue también asido por Cristo Jesús".[11] Debemos seguir persistiendo cada día, escuchando a Dios y respondiéndole.

Una palabra final

Mirando hacia atrás en mi vida desde mi actual punto de observación, veo que no hay ningún lugar donde preferiría estar excepto éste, donde estoy ahora mismo. Todos nosotros tenemos diferentes experiencias de vida, pero lo que tenemos en común, y es inherente a todos nosotros, es un hambre por andar más cerca de Dios. No importa en cuantas otras cosas pensemos que nos puedan satisfacer, nada es más satisfactorio que nuestra relación con Dios. Usted ha leído acerca de algunas de las búsquedas vanas que me llevaron a la decadencia espiritual. Usted ya ha leído acerca de aquellos años en los que el orgullo y la arrogancia me impidieron crecer en mi relación con Dios. El éxito me había trastornado, me había quitado el hambre de Dios. Irónicamente, permití que la bendición y el favor de Dios en mi vida fueran precisamente las cosas que se interpusieron entre Él y yo. Quizás haya algo que se interpone entre usted y Dios, y que debe entregarle a Él. Mi oración es que Dios le hable a través de lo que me sucedió a mí.

No permita que el éxito, la riqueza, las ocupaciones, las distracciones, o cualquiera de sus ambiciones le quiten su hambre de Dios. Los ídolos se presentan en todas las formas, apariencias y tamaños. A veces se deslizan dentro de nuestra vida y ni siquiera nos damos cuenta de que están compitiendo por el primer lugar en nuestros corazones. Pero no se rinda. Usted puede resistir la tentación de destronar a Dios; usted puede tener aquella relación que siempre soñó tener con Dios.

> No permita que el éxito, la riqueza, las ocupaciones, las distracciones, o cualquiera de sus ambiciones le quiten su hambre de Dios.

Trágicamente, yo fui atraído por el canto de las sirenas del éxito y la autosuficiencia. Realmente pensaba que podía manejarlo, hasta sentía que tenía el derecho de manejarlo. Debería haber entendido mejor que las cosas no eran como yo las pensaba. No escuche al mundo cuando le habla acerca de cosas que van a satisfacerlo. El dinero, la fama, el poder, todos son efímeros. La verdad es que nuestra vida también es efímera; hoy estamos aquí, y mañana nos vamos. Pero la historia no termina allí. Fuimos creados para andar cerca de Dios, tanto ahora como durante toda la eternidad. Comience hoy a vivir como Dios quiere que viva.

Le exhorto a ir en pos de aquella vida abundante que Dios promete a través de una relación dinámica y creciente con Jesucristo. Ore para que Dios le libere de las expectativas mundanas. Permita que Cristo le libere de la esclavitud del materialismo egoísta y de las tentaciones de nuestra cultura y nuestra sociedad. Apártese de todo lo que le impida entablar una relación más íntima con Dios.

Alinee su corazón con las palabras de Dios. Pídale a Dios que desenmascare las mentiras que usted esté creyendo acerca de su vida, de usted mismo y de los demás.

Deje de culpar a otras personas por los fracasos de su vida; en lugar de hacer eso, tenga un corazón agradecido y humilde delante de Dios. Agradézcale por las bendiciones que ha derramado en su vida, incluyendo el don de la vida misma.

> Deje de culpar a otras personas por los fracasos de su vida; en lugar de hacer eso, tenga un corazón agradecido y humilde delante de Dios.

Y recuerde: Pase lo que pase, Dios tiene el control. Dios abrirá y cerrará puertas, le verá a usted superando las pruebas que la vida trae y hará que todas las cosas sean para su bien. Confíe en el plan de Dios para su vida y comprométase con Él.

La comunicación con Dios es la clave para mantener la relación que siempre ha querido tener con Él. No deje de hablar con Él cada día, de leer su Palabra y de recordar el carácter, los atributos y la fidelidad de Dios. Alabe a Dios todo el tiempo, agradeciéndole porque es un Dios amoroso que desea tener una relación íntima con sus hijos.

Sobre todo, recuerde que Dios le conoce y le ama exactamente allí donde usted está. Dios no quiere que usted espere un segundo más para arreglar las cosas con Él. Sabe exactamente lo que usted necesita y cuándo lo necesita. Él es nuestro Gran Pastor, el que guía a sus ovejas a los pastos verdes. Él puede sacarnos de un lugar donde hay pastos altos que nos impidan ver, lejos del acantilado. Confíe en que Él le mostrará el camino. También es importante que nos demos cuenta de que no nos creó para que vivamos la vida Cristiana solos. Rodéese de buenos consejos y sabiduría. Escuche a su pastor, a sus maestros y a otros que andan cerca del Señor.

> Sobre todo, recuerde que Dios le conoce y le ama exactamente allí donde usted está.

Sé que a usted le resultaría fácil dejar de lado este libro y no seguir los pasos que he sugerido. Pero no quiero que haga eso. Mi esperanza es que usted vea este momento como un nuevo comienzo y no como un final. No pierda la oportunidad que tiene en este momento de estrechar su relación con Dios. Permítame desafiarle a comenzar su día —cada día— con Dios.

Para ayudarle a comenzar, he incluido diez breves meditaciones basadas en Colosenses 3:1-17, los versículos que Dios usó para reavivar mi relación con Él (vea las páginas 155-175). Tengo un largo camino para recorrer, pero le animo a unirse a mí en este viaje hacia una relación más íntima con Dios. Me estoy preparando para encontrarme cara a cara con Él, pero no estoy esperando a llegar al cielo para disfrutar de una buena relación con Él. Me estoy acercando más a Él cada día, ahora mismo.

Permítame orar por su relación con Dios:

Señor, oro para que ayudes a mis hermanos y hermanas a reconocer que sus vidas están escondidas con Cristo en ti y que tú les has levantado, lejos de los caminos y los deseos del mundo. Ayúdanos a todos nosotros a vestirnos con compasión, amabilidad, humildad, gentileza y paciencia por medio del poder de tu Espíritu que obra en nosotros. Que podamos vivir vidas agradecidas, en las que Tú seas el centro.
En el nombre de Jesús,
Amén.

SU RELACIÓN CON DIOS

1. Piense en una relación que ha sido particularmente difícil en su vida. ¿De que manera desearía comunicarse con esta persona? ¿Qué es lo que Dios está tratando de enseñarle por medio de esta relación?

2. Repase lo que hizo ayer. Haga una lista de las cosas que usted sabe que Dios está haciendo en su vida.

3. ¿Qué versículos han sido particularmente significativos para usted cuando necesitó un recordatorio de la fidelidad de Dios?

VERSÍCULOS CLAVE: Deuteronomio 6:4-9
Pídale a Dios que le ayude a recordarlo en todas las situaciones.

HACERLO PERSONAL
Escriba y guarde los recuerdos de algunos de los momentos más íntimos que usted ha tenido con Dios. Recuerde cómo se sintió en esas ocasiones. Escriba de qué manera el recuerdo de su pasado con Dios fortalece su futuro con Él.

MEDITACIONES SOBRE COLOSENSES 3

Antes de mi renovación, había estado muy distraído como para experimentar el impacto completo de la palabra de Dios en mi vida. Había levantado demasiados ídolos en mi corazón —mis expectativas, mis metas, la venta de mis libros, el éxito de mi ministerio, mi estilo de vida próspero, mis vacaciones de lujo— eran ídolos que tenían que ser quitados a fin de poder reconectarme con Dios completamente. Estoy muy agradecido que Dios me haya dado el poder para remover aquellos ídolos de mi vida y haberme salvado de mis distracciones.

No puedo dejar de recalcar la importancia de quitar las distracciones su vida, cualquier cosa que esté compitiendo por su atención, e impidiendo que escuche a Dios a través de su palabra. Si usted está tan distraído que no puede encontrar tiempo para leer la Biblia y orar diariamente, entonces es allí donde debe comenzar. Sé que parece muy básico, pero es allí donde tantos cristianos comienzan a desviarse del camino, cuando descuidan lo fundamental. Eso es lo que me sucedió, y también he visto que le ha ocurrido a otros, innumerables veces.

La palabra de Dios es un elemento muy importante en nuestra relación y comunicación con Dios. Está disponible libremente, sólo debemos dedicarle tiempo. La palabra de Dios puede cambiar nuestros corazones cada día de nuestras vidas. Ningún otro libro puede corregir, enseñar, reprender, bendecir, inspirar, dar ánimo y sostenernos. La palabra de Dios está realmente viva. Pero como en cualquier relación viva, la Escritura no puede funcionar si nosotros no hacemos nuestra parte. Meditar en ella y aplicarla a nuestras circunstancias diarias conlleva una intención deliberada, disciplina y acción. Afortunadamente, Dios nos da el poder para hacer esto a través de la obra del Espíritu Santo. Imagine que Dios está sentado frente a usted mientras lee su Biblia. Él está allí, aún cuando no lo puede ver. Tómese un minuto y lea un pasaje de la Escritura mientras visualiza la presencia de Dios junto a usted. Él quiere hablarle a través de su palabra. Él quiere que le cuente de su día y tiene el consejo sobre cómo emprender los planes que usted ha hecho. Lea la Escritura con Él y escuche lo que dice. Cuéntele sus pensamientos acerca de lo que está leyendo y permita que la voluntad de Dios penetre en su corazón.

Colosenses 3: 1-17 me ha afectado profundamente desde la renovación de mi relación con Dios. Como un ejemplo de cuánto se puede encontrar aun en una pequeña porción de la palabra de Dios, quiero dedicar tiempo a desempacar los versículos para usted. Este pasaje tiene un gran significado para mí y ha afectado en gran medida mi relación con Dios. Para mí, es como un resumen del Nuevo Testamento. A partir de ahora, he decidido meditar en Colosenses 3 cada día de mi vida. Diariamente lo abordo de una manera diferente. Repaso los versículos en mi mente, reflexionando sobre lo que significa llevar a cabo estos principios divinos. Quiero ser como una carta ambulante que comunica la verdad de Colosenses 3 a todos los que me conocen. Permítame compartir con usted lo que Dios me ha revelado cuando trajo estas palabras a la vida. Déjeme invitarle a meditar en estos versículos por los próximos diez días.

Día 1: "Buscad las cosas de arriba"

"Si, pues, habéis resucitado con Cristo, buscad las cosas de arriba, donde está Cristo sentado a la diestra de Dios".

COLOSENSES 3:1

Lo que este versículo ha grabado en mi corazón es que Cristo me ha levantado, me ha alejado de algo. Él me ha elevado de algo bajo. Lo imagino levantándome por sobre las cosas de este mundo. Me ha llevado más allá del empuje gravitacional de las cosas mundanas. Me ha separado de la adicción a las cosas de este mundo. Me ha elevado lejos de mis emociones negativas. Me ha elevado, lejos de las expectativas de este mundo, lejos del apego a este mundo.

Después de mis tres experiencias al borde de la muerte, el hecho de que mi cuerpo físico ocupará una tumba un día se ha vuelto muy real para mí. La verdad es que nadie sabe cuando llegará su tiempo. Pero ahora puedo leer este versículo con la nueva esperanza de que la muerte no puede separarme del amor de Dios. Él me ha elevado, fuera de mi pecado, fuera de mi tumba espiritual. A medida que lea este versículo, imagine su propia tumba o lápida y piense en cuán bajo, cuán profundo, la muerte le puede llevar. Entonces, imagine a Cristo levantándole de la tumba por el poder de su amor y gracia, elevándole a un lugar de honor a su lado. No hay mejor lugar para estar.

"Si, pues, habéis resucitado con Cristo, buscad las cosas de arriba, donde está Cristo sentado a la diestra de Dios."[1] Meditar en las "cosas de arriba", la realidad de mi "nueva vida con Cristo", hace que quiera poner mi corazón en las cosas de arriba, aquellas que son valiosas para Cristo, las cosas que son prioridad para Él y las cosas que son importantes para su reino. Lo que es importante para Cristo es también importante para mí, ahora.

También me gusta la traducción al inglés de Colosenses 3:1, hecha por Charles Williams en 1937, la cual enfatiza que debemos "continuar buscando las cosas de arriba". Es un continuo proceso de por vida.

Cuando leo este versículo, me veo a mí mismo al lado de Jesús, elevado en lo alto, lejos de la atracción de este mundo, donde soy libre de mi pecado. Jesús es la mano derecha de Dios, con todo el poder y la autoridad para ser mi mediador. Imagino a Jesús con un cetro en su mano, aplastando a sus enemigos bajo sus pies. Yo también tengo el privilegio de pelear por la verdad de Dios, y a través de su poder, puedo vencer las artimañas del enemigo y decir no a mi naturaleza inferior. Cuando busco las cosas que son importantes para Cristo, me uno en su divina comunión con Dios, la cual trasciende este mundo. Me imagino a mí mismo sentado con Cristo a la diestra de mi Padre celestial.

DÍA 2: "Poned la mira en las cosas de arriba"

"Poned la mira en las cosas de arriba, no en las cosas de la Tierra". COLOSENSES 3:2

Cuando Dios atrapó mi atención en el hotel Marriott, el versículo que vino a mi mente fue Colosenses 3:2. El versículo 1 nos dice que pongamos nuestros corazones en las cosas de arriba y ahora, el versículo 2 pone énfasis en nuestras mentes. ¿Cuál es la diferencia? Obviamente, hay una íntima conexión entre el corazón y la mente. Poner la mente en las cosas de arriba significa que Dios gobierne nuestros pensamientos y voluntad. En otras palabras, todo lo que pienso y todo lo que decido hacer, esta visto desde la perspectiva de Dios, desde la perspectiva de la eternidad.

No quiero poner mi corazón (mis deseos y afectos) y mi mente (mis pensamientos y decisiones) en la cosas de la Tierra. Las cosas de la Tierra no son todas malas; no todas las cosas nos alejan de Dios. Pero algunas de las cosas de este mundo que compiten con nuestra relación con Dios, son la riqueza, el poder, la fama y otros placeres. Hacer de estas cosas las metas de nuestra vida es erróneo. Cuando me elevo con Cristo, las metas de mi vida se vuelven radicalmente diferentes.

Me gusta lo que *La Biblia Viviente (The Living Bible* en inglés) dice en el versículo 2: "Dejen que el cielo llene sus pensamientos; no gasten su tiempo preocupándose por las cosas de la Tierra".

Lo que cambió realmente mi vida fue meditar en los dos primeros versículos de Colosenses 3. Dejé de esperar ser satisfecho por cualquier cosa de esta Tierra. Dejé de querer otra cosa que no sea Cristo dándole significado a mi vida. Puse los deseos de mi corazón en Él y fijé mi mente en todo lo que es importante para Él.

Mis expectativas terrenales se cambiaron por expectativas divinas. Ahora espero que sólo Cristo me dé vida y gracia. Espero que sólo Cristo me de amor, gozo, paz, paciencia, benignidad, bondad, fidelidad, mansedumbre y dominio propio. Espero que sólo Cristo manifieste todo el fruto del Espíritu en mí.[2] Aún puedo confiar en Él por milagros y sanidad. Ahora, mi única expectativa es que Dios suplirá todas mis necesidades.[3]

Mi relaciones con los demás fueron renovadas cuando Dios cambió mi corazón a través de las verdades de Colosenses 3. Ya no estoy apegado a las cosas terrenales, pensando sólo en mí. Dios me ha dado un corazón para los demás. En la cumbre de mi celebridad, trataba de evitar a la gente. No quería ser molestado, no me importaban mucho las cosas que la gente me decía. Estaba distante y a menudo irritable. Hoy estoy mucho más abierto a la gente y he vuelto a ser accesible una vez más. No impongo expectativas irreales en la gente, como lo hacía antes. Estoy mucho más dispuesto a aceptar el hecho de que todos cometemos errores y me doy cuenta que la comunicación efectiva exige esfuerzo y persistencia.

Las relaciones demandan un trabajo arduo, pero vale la pena porque tienen un valor eterno. Ahora es muy difícil que hieran mis sentimientos, pero cuando alguien lo hace, lo manejo de una manera muy diferente de lo que solía hacerlo. Trato de no tomarlo como algo personal y me esfuerzo por llegar a un entendimiento. Antes, me hubiese enojado y quejado de las fallas de la otra persona, en lugar de participar activamente en el proceso de reconciliación. Mi vida cambió cuando me aferré a las palabras del apóstol Pablo en Colosenses 3. Produjeron en mí, un espíritu más tranquilo.

DÍA 3: "Vuestra vida está escondida con Cristo"

"Porque habéis muerto y vuestra vida está escondida con Cristo en Dios"　　　　COLOSENSES 3:3

Después de tres roces con la muerte en un breve período, adquirí una comprensión más profunda del mensaje de Pablo. He muerto, pero aún estoy vivo y mi vida está escondida con Cristo. Usted podría leer el mismo versículo y pensar: *¿A qué tengo que morir?* Cada uno de nosotros debe preguntarse esto. Yo tuve que morir a las cosas de esta tierra, a todo lo que pensé que podía ganar o a aquello que había ganado. Tuve que morir renunciando a mis expectativas. Tuve que morir a mí mismo, a mis planes, a mis metas. ¿A qué tiene que morir *usted?*

Como cristianos, hemos elegido participar con Cristo en su muerte y resurrección. Esto significa que todo lo que sea ajeno a Cristo es ahora ajeno a nosotros. Estar escondido con Dios significa que nuestras vidas ahora pertenecen a un reino muy real, no obstante invisible. Estamos escondidos con Cristo en Dios, donde nuestras vidas están seguras y protegidas.

Al meditar aún más en este versículo, comencé a visualizar a Cristo tomándome de la mano y caminando conmigo en los brazos de Dios, quien nos sostiene a los dos. Ahora estoy sentado con Jesús a la diestra de Dios el Padre. Dios me protege, se preocupa por mí y me ama. Siento una paz abrumadora cuando mi Padre amoroso me protege. Mi conexión con Cristo y Dios es la realidad que puedo experimentar *ahora*, no sólo después cuando vaya al cielo. El entendimiento de esta verdad fue un punto clave en mi caminar con Dios.

DÍA 4: "Cristo . . . es vuestra vida"

*"Cuando Cristo, vuestra vida, se manifieste, entonces
vosotros también seréis manifestados con Él en gloria".*

COLOSENSES 3:4

Para comprender mejor este versículo, encontré útil ubicarme a mí mismo *en la escena* personalizando la expresión: "Cuando Cristo, *vuestra vida*, se manifieste al mundo, yo también seré manifestado con Él en gloria" Mi vida ahora está escondida con Cristo y Él es también mi esperanza futura. Él sólo me da la vida y la sustenta. Este versículo me recuerda la futura revelación de la presencia de Cristo que aguardamos. Me gusta imaginar a Cristo volviendo a la Tierra tal como prometió que lo haría, a pesar de eso, no puedo imaginar completamente cuan glorioso será ese día. La Escritura nos da alguna idea: "Entonces vi el cielo abierto, y había un caballo blanco. El que lo montaba se llamaba Fiel y Verdadero . . . En su vestidura y en su muslo tiene escrito este nombre: Rey de reyes y Señor de señores".[4] Las trompetas sonarán, el cielo estallará con el gozo del Hijo de Dios y todos se inclinarán a su nombre. En ese día, el mundo también será deslumbrado por la inefable gloria de Cristo, y nadie podrá escaparse. El mundo entero sabrá finalmente que Él es ciertamente Señor.

Si bien estamos rodeados de muchos falsos dioses que compiten por nuestra atención y lealtad, este versículo me da la gran esperanza de que un día todo sea reconciliado al señorío de Cristo. Podemos esperar que en su futuro reino, en el cual no habrá engaño ni más llanto ni más dolor, todos estaremos bien. Pero entretanto —aquí y ahora— mientras nuestras vidas están escondidas con Cristo en Dios, esperando su regreso triunfal, podemos dedicar nuestras vidas a promover la gloria de Dios.

Había leído este pasaje muchas veces antes de mi experiencia de renovación, pero no había penetrado mi corazón de la misma manera. Leer la Biblia solamente no era suficiente. Tuve que llegar a un punto en el que realmente quisiera conocer a Dios y escuchar lo que Él tenía para decir. Tuve que llegar a un punto en el que estuviese dispuesto a sacrificar mi propia gloria en favor de la gloria de Dios. Por años, mis ídolos mundanos me impidieron crecer más en mi relación con Dios. Estaba atrapado en mis propias "cosas", mi propia gloria, aun cuando hubiera dicho en ese momento que todo lo estaba haciendo por Cristo. "Glorificar a Dios" suena muy simple pero puede ser muy difícil dejar de aferrarse a las cosas que nos suelen reconfortar, las cosas que desvían nuestra atención de glorificar a Dios. Hay mucho para ganar si estamos dispuestos a renunciar a todo por Dios. Una vez que decidí, en mi corazón, renunciar a mis ídolos, la gracia de Dios estuvo allí mismo para bendecir mi decisión y fortalecer mi voluntad de elegir a Dios por sobre todo.

DÍA 5: "Haced morir, pues, lo terrenal en vosotros"

"Haced morir, pues, lo terrenal en vosotros: fornicación, impureza, pasiones desordenadas, malos deseos y avaricia, que es idolatría. Por estas cosas la ira de Dios viene sobre los hijos de desobediencia, en las cuales vosotros también anduvisteis en otro tiempo cuando vivíais en ellas. Pero ahora dejad también vosotros todas estas cosas: ira, enojo, malicia, blasfemia, palabras deshonestas de vuestra boca". COLOSENSES 3:5-8

La Biblia Viviente (Living Bible) agregó algo de perspectiva a mi entendimiento de estos versículos: "Por eso, den muerte a todos sus malos deseos . . . no busquen amontonar dinero, pues es lo mismo que adorar a dioses falsos . . . Pero ahora tienen que dejar también todo esto: no se enojen, no busquen hacer el mal a otros, no ofendan a Dios ni insulten a sus semejantes"[5] (La Biblia en lenguaje sencillo).

¿Qué es lo que tenemos que dejar? La inmoralidad en todas sus formas. Tenemos que "dar muerte" a estas cosas. Estas son *acciones* que *llevamos a cabo* para escapar del pecado en todas sus formas terrenales, pero el poder de Dios dentro de nosotros hace que esto sea posible. Piénselo: Tenemos el insondable e ilimitado poder de Dios dentro de nosotros, que nos permite escapar de las tentaciones sexuales, la avaricia y el enojo. Podemos controlar nuestros pensamientos y nuestra imaginación a través de su poder. No por nuestra propia cuenta, sino a través del poder de Dios. Todas las cosas son posibles.[6]

Cuando capté el poder de estos versículos por primera vez y comencé a dar muerte a mi propia naturaleza terrenal, imaginé un enorme fuego arrasador al cual comencé a arrojar las cosas con las cuales estaba luchando. Me imaginé a mí mismo arrojando cada pecado, llamándolo por su nombre. El fuego creció en intensidad a medida que las llamas consumían mis pecados, dejando atrás nubes de humo y cenizas. He repetido esto muchas veces a medida que Dios revelaba mis pensamientos, acciones y tendencias pecaminosas. Tal como cualquier hombre, he luchado con tentaciones sexuales. Nunca me he entregado a la fornicación o al adulterio, pero muy a menudo en mi vida he permitido que los pensamientos sexualmente impuros controlaran mi mente. Conozco la tentación del deseo sexual. Pero ahora, debido a que Cristo trabaja en mí, he muerto a mi deseo de tal placer y estoy casi completamente libre de mi vieja naturaleza en ese sentido. En lugar de suprimir simplemente mis deseos pecaminosos, ¡puedo destruirlos! Cristo me ha alejado de las presiones de nuestra cultura motivada sexualmente y ha habido meses en los que ni siquiera he pensado en tales cosas (por supuesto, también hay momentos en los que la tentación parece abrumadora, pero por eso es una batalla diaria y por eso la victoria es un proceso continuo). Ha sido un gozo observar a Cristo sanarme, renovar mi mente y salvarme de mis viejos modelos de pensamiento. Nunca he conocido a nadie que esté completamente libre de la tentación, cada día, todo el tiempo, pero he visto una victoria sustancial en mi propia vida y en la vida de otros. Todos somos obras en desarrollo, pero he presenciado que el poder de Dios es real.

El siguiente pecado mencionado en Colosenses 5 es *impureza*, lo cual es algo sucio o impío. Nuestra tendencia natural cuando somos tentados a ser impuros es escondernos de Dios avergonzados, como lo hicieron Adán y Eva luego de la caída. Pero si recordamos que como cristianos estamos escondidos *con* Cristo, no *de* Él, cambia nuestra entera perspectiva sobre la tentación. Para permanecer escondidos con Cristo, no podemos participar en nada inmoral. Entonces, cuando somos tentados a pecar, necesitamos recordar *dónde estamos*, ¡escondidos con Cristo! Por supuesto, nunca podríamos mantenernos puros por nuestra cuenta. Debemos hacernos del poder del Espíritu Santo dentro de nosotros para mantenernos limpios.

El tercer pecado enumerado son las pasiones desordenadas, las cuales son cualquier pasión por cosas impías. Pasiones desordenadas en realidad significa deseos descontrolados. ¿Ha sentido alguna vez como si sus deseos estuviesen controlándole? Tal vez ha estado librando una batalla con alguna clase de adicción. ¿Controla el deseo de comer lo que usted hace cada día? O quizás siente como si no tiene control sobre su ira. Debemos entregar a Cristo cualquier impulso nuestro que esté fuera de control. Eso incluye cualquier deseo que nos controle en lugar de Cristo.[7] Pablo nos dice que no tenemos que satisfacer los deseos de nuestra naturaleza pecaminosa.[8] Si estoy esperando encontrar una vida de satisfacciones de acuerdo a los patrones de este mundo, no puedo esperar la vida de Dios al mismo tiempo. Como el apóstol Juan nos advierte: "No améis al mundo ni las cosas que están en el mundo".[9]

A lo largo de mi vida y particularmente durante los años previos a mi trasplante de riñón, yo luchaba con estos pecados mencionados en Colosenses 3. Sucumbí al deseo de tener más de todo, todo el tiempo, más dinero, más posesiones, una casa más grande, un automóvil mejor, un futuro seguro. Quería tener una reputación tal, que la gente me reconociera y dijera: "Ése es un hombre exitoso". Motivado por la avaricia y la impureza, me volcaba a la ira y la malicia cuando no me salía con la mía.

Ahora, reconozco que todo lo que tengo, toda la sabiduría y el conocimiento, vienen de Dios. Todas mis posesiones y éxito son efímeros, sin ningún valor eterno en la economía de Dios. Sabía esa verdad, pero se había deslizado de mi corazón. Ahora, quiero que las pasiones de Dios sean mis pasiones, no pasiones por las cosas de este mundo sino cosas celestiales, cosas que durarán por la eternidad.

¿Puede imaginar que Dios le puede liberar cuando usted medite en estos pocos versículos? La verdad de Dios me ha liberado verdaderamente. Él puede hacer lo mismo por usted mientras lee la Biblia y permite que la Palabra de Dios cobre vida en su corazón y en su mente.

Dios no sólo me liberó de tales pecados, Él también cambió mis emociones. Yo luché realmente con la ira por una década oscura de mi vida. Ahora soy mucho más lento para enojarme y no tengo arranques de ira frecuentes. Por años, conviví con niveles tóxicos de ira acumulados dentro de mí. Estaba constantemente enojado con mi familia, mis socios en el ministerio, mis amigos, contribuyentes y adeptos, mis editores y mis editoriales. Estaba enojado con todo lo que a usted se le puede llegar a ocurrir.

Estoy superando mi ira gracias al Espíritu de Dios en mí. Me ha liberado de la exasperación y del deseo de revancha. Me está liberando continuamente de la malicia, la cual es una depravación de la perversidad y la mala voluntad hacia los demás. Antes, mencioné en mi historia que me sentía rodeado por la incompetencia. No fui capaz de valorar a los demás y pensaba que eran molestos. Vi mis relaciones erróneamente y juzgué a la gente de una manera impulsiva e ignorante. Tenía un concepto demasiado alto de mí mismo. Pero Dios ha estado librándome de esta actitud general de hostilidad e irritación hacia los demás.

Dios también me está liberando de hacer declaraciones calumniosas, de pronunciar juicios difamatorios, de criticar y juzgar a la gente por su conducta. Esto es precisamente lo que Jesús nos advierte: "No juzguéis, para que no seáis juzgados, porque con el juicio con que juzgáis seréis juzgados, y con la medida con que medís se os medirá".[10] Cuando juzgamos a otros, no es ninguna sorpresa que Dios nos juzgue, porque somos culpables de las mismas cosas.

DÍA 6: "Revestidos del nuevo hombre"

> *"No mintáis los unos a los otros, habiéndoos despojado del viejo hombre con sus hechos y revestido del nuevo. Éste, conforme a la imagen del que lo creó, se va renovando hasta el conocimiento pleno, donde no hay griego ni judío, circuncisión ni incircuncisión, bárbaro ni extranjero, esclavo ni libre, sino que Cristo es el todo y en todos".*
>
> COLOSENSES 3:9-11

Me encanta la manera en la que la traducción Williams del Nuevo Testamento (en Inglés) acentúa el hecho de que estamos "en proceso de ser hechos nuevos, a la imagen de nuestro Creador". Como estamos escondidos con Cristo en Dios, nos despojamos del viejo hombre —todas "esas cosas": la ira, el odio, etcétera— y nos *revestimos* del nuevo hombre. Es un proceso que gradual, continua e inevitablemente nos hace nuevos a semejanza —a la imagen— de Dios nuestro creador. Cuando nos revestimos del hombre nuevo, ya no nos preocupan las diferencias entre nosotros. Sólo nos preocupa nuestra semejanza a Cristo, que es *el todo*.

DÍA 7: "Vestíos, pues, como escogidos de Dios, de entrañable misericordia"

"Vestíos, pues, como escogidos de Dios, santos y amados, de entrañable misericordia, de bondad, de humildad, de mansedumbre, de paciencia". COLOSENSES 3:12

Cuando nos despojamos de nuestra vieja y pecaminosa naturaleza, no se nos deja desnudos en una plaza pública. En lugar de eso, se nos instruye a que nos revistamos con misericordia, bondad, humildad, mansedumbre y paciencia.

La misericordia nos permite sentir las cargas de otros, tal como Cristo siente nuestras cargas. Si dedicamos tiempo para escuchar a Dios, Él fielmente nos mostrará cómo extender la misericordia a otras personas en nuestras vidas. Cada mañana, pienso en la gente que veré en el transcurso del día. Quiero tener un corazón compasivo para con cada uno de ellos. Al hacer esto un tema de oración, descubro que mi corazón es más tierno y sensible con ellos cuando nos encontramos.

Seguidamente, Dios quiere que nos vistamos de humildad. Esto es algo que Cristo nos da a conocer como resultado de ser elevados con Él. Él es el ejemplo supremo de humildad. Se despojó a sí mismo de toda autoridad y se encarnó de manera que pudiese caminar entre nosotros (Filipenses 2). Debido a su amor por nosotros, Cristo se inclinó hasta nuestro nivel y se negó a sí mismo de lo que era legítimamente suyo. Se puso a sí mismo al final de la lista y se despojó a sí mismo de todo estatus.

Humillarme a mí mismo, no es siempre algo fácil de hacer, pero yo lo veo de esta manera. Si estoy con otras cinco personas, asumir la humildad de Cristo significa que me considero que estoy en el sexto nivel de importancia. Me doy cuenta que no hay una diferencia real entre las demás personas y yo, pero les demuestro preferencia a raíz del respeto por Cristo Jesús, que nos dio el ejemplo de esta conducta.

Aprender a seguir el ejemplo de Cristo me ha ayudado a ponerme a mí mismo en la perspectiva apropiada.

La otra noche, salí a cenar con algunos amigos, mientras nos sentábamos, sentí que el Espíritu Santo me decía: "Deja que pidan su comida primero". Fue algo muy simple, pero no soy la clase de persona que piensa naturalmente en tales amabilidades cuando mi estómago está gruñendo. Fue un pequeño gesto y no me atribuyo ningún mérito por ello porque sé que Dios ha hecho una obra en mí y Él continúa trabajando para hacerme completamente nuevo.

El versículo 12 también nos dice que nos vistamos con paciencia. Al principio del libro, mencioné que la paciencia nunca ha sido uno de mis puntos fuertes. Para mí, esperar y ser capaz de sobrellevar situaciones desfavorables, son algunas de las pruebas más difíciles. Vestirme de paciencia significa que tengo que ser estable, no estar ansioso o preocupado. Al observar mis inclinaciones naturales, parece que siempre puedo esperar para dar, pero la paso mal esperando recibir. Mi deseo, sin embargo, es ser exactamente lo opuesto de eso. Quiero esperar pacientemente en el Señor cada día para que me renueve. Quiero orar y escuchar su respuesta, aun cuando no llegue enseguida. Quiero ser cuidadoso al mantener mi relación con Dios, centrada en lo que su Palabra dice de manera que irradie la paciencia de Cristo a la gente. Quiero dar libremente de mí mismo a los demás.

Día 8: "Perdonaos unos a otros, si alguno tiene queja contra otro"

"Soportaos unos a otros y perdonaos unos a otros, si alguno tiene queja contra otro. De la manera que Cristo os perdonó, así también hacedlo vosotros". COLOSENSES 3:13

De común acuerdo con la *paciencia* va la necesidad de "soportarse unos a otros". Somos llamados a ser amigos fieles y miembros del cuerpo de Cristo. A veces, queremos darnos por vencidos en nuestras relaciones con otros, pero Dios nos dice que perseveremos. En nuestra sociedad, los cristianos son a menudo descriptos como cerrados de mente e intolerantes. Quiero romper con este estereotipo, no importa cuan diferentes sean las otras personas. Cuando miro a la cultura de la juventud de hoy, me siento completamente desconectado de los adolescentes que llevan accesorios de perforaciones en el cuerpo y tatuajes. No obstante, sé que ellos también son creados a imagen de Dios y son preciados para Él. No quiero ser egocéntrico, aferrándome a la perspectiva de que mi educación, mi crianza y experiencia de vida son "correctas". Quiero valorar mi experiencia de vida pero nunca dejar de apreciar las experiencias de vida de los demás. No quiero juzgar a otros, quiero escuchar, sentir curiosidad y fascinación por su singularidad. Quiero aprender de ellos.

Al soportarnos unos a otros, se nos dice: "perdonaos unos a otros, si alguno tiene queja contra otro" y perdonar como el Señor nos ha perdonado, es decir, libremente. Quiero perdonar cada ofensa hecha en mi contra y recibir el perdón de parte de cada uno de los que he ofendido. Quiero ser generoso al extender la gracia. Quiero borrar los rencores que están escritos en mi corazón. Quiero liberar a la gente.

La palabra perdón en griego tiene dos significados básicos. Uno es "perdonar o dejar a alguien en libertad: liberar". El otro es "romper cadenas o desatar cuerdas que sujetan algo". En otras palabras, debemos entender que las personas que nos hieren y ofenden, son personas que han sido heridas y ofendidas también. Cuando los perdonamos, desatamos las cuerdas del dolor y el resentimiento que los atan, y nosotros también somos puestos en libertad.

Día 9: "Sobre todo, vestíos de amor"

"Sobre todo, vestíos de amor, que es el vínculo perfecto."

COLOSENSES 3:14

Al dejar en libertad a la gente a través del poder del perdón, nos atamos con ellos en una unidad perfecta, a través del poder del amor. El amor es el cordón que une a todas las virtudes. El amor es la deuda que nunca podemos saldar.[11] Cuando amamos a nuestro prójimo como a nosotros mismos, cumplimos con todos los requerimientos de la ley.[12] Pablo nos dice que el amor es una de las tres virtudes que permanecerán —junto con la fe y la esperanza— ¡así que aprendamos muy bien esto![13] 1 Corintios 13 puede ayudarnos a comprender realmente lo que significa soportarnos unos a otros en amor.

Quizás se encuentre pensando cómo se puede revestir con todo lo que estos versículos sugieren. Ahí es donde la gracia hace su entrada. La gracia es el poder de Dios, dado a nosotros, de manera que podamos vivir vidas que le agraden. Dios le da gracia al humilde, pero se opone a aquellos que son orgullosos.[14]

DÍA 10: "Que la paz de Dios gobierne en vuestros corazones"

"Y la paz de Dios gobierne en vuestros corazones, a la que asimismo fuisteis llamados en un solo cuerpo. Y sed agradecidos". COLOSENSES 3:15

El versículo 15 es uno de mis favoritos en Colosenses 3. Cuando aprendí a entregar mis esperanzas, sueños, planes y propósitos a Cristo y a someterme a su dirección para mi vida, descubrí que su paz vino a reinar en mi corazón. Mientras que, antes, mi vida estaba en una conmoción constante —¡y todos los que estaban a mi alrededor lo sabían!— hoy puedo decir que estoy en paz conmigo mismo, con Dios y con los demás. Mi vida aún no es perfecta en este sentido, pero es mucho mejor de lo que era.

"La palabra de Cristo habite en abundancia en vosotros. Enseñaos y exhortaos unos a otros con toda sabiduría. Cantad con gracia en vuestros corazones al Señor, con salmos, himnos y cánticos espirituales." (v. 16). La Escritura me recuerda que tengo la palabra de Cristo —su verdad— morando dentro de mí. A causa de eso, puedo enseñar y exhortar a otros, de acuerdo a la sabiduría de Dios y cantar a Él con gratitud en mi corazón.

Cuando medite en este versículo, imagine que Dios está tocando cada parte de usted, de la cabeza a los pies. Imagínese rebosando con la sabiduría que Él le ha dado a través de su Palabra. Cuando se despierte por la mañana, imagine lo que le dirá a la gente que encuentre durante el día que expresará el amor de Dios. A lo largo de su día, con cada persona que encuentre, comparta su corazón lleno de gratitud hacia Dios. ¡Si esto no le da un vuelco a su mundo, nada lo hará!

"Y todo lo que hacéis, sea de palabra o de hecho, hacedlo todo en el nombre del Señor Jesús, dando gracias a Dios Padre por medio de Él" (v. 17). Quiero que todo lo que yo diga y haga, este centrado en Cristo. Quiero empezar cada día recordándome a mí mismo todos los actos de la amorosa bondad de Dios en mi vida. Por muchos años, no viví en la llenura de la verdad de Colosenses 3. Ahora, descubro que me desafía cada día, y cambio continuamente cuando me rindo a lo que el Espíritu me dice. Y tal como la palabra de Dios me ha cambiado, le puede cambiar a usted.

Al meditar en este pasaje de la Escritura, imagínese sentado en un trono. En voz alta, pídale a Cristo que sea el centro de su vida. Al hacerlo, póngase de pie y descienda del trono, abdicando el control de su vida a Cristo el Rey. Siéntese en el piso al lado del trono y espere que Cristo le dirija con su sabiduría y su palabra.

Pídale al Señor que le muestre maneras totalmente nuevas de ver su palabra. Él le dará comprensión, imágenes e impresiones que traerán su verdad a la luz y a la vida. Dedique tiempo para meditar en la Escritura y oír con atención la voz del Señor hablándole. Descubrirá que Cristo es fiel para renovar su corazón, su mente y alma.

SU RELACIÓN CON DIOS

1. Después de leer este capítulo, ¿De qué manera ha decidido "buscar las cosas de arriba"?

2. ¿Cuáles son las pautas para la vida santa que se encuentran en Colosenses 3:1-17 y que pueden ayudarle a crecer en su relación con Dios?

3. ¿Está viviendo con un corazón agradecido? ¿Qué le sucede a su relación con Dios cuando usted no es agradecido? Lea Ezequiel 36:26 y pídale a Dios que le dé un "corazón de carne".

VERSÍCULOS CLAVE: Memorice Colosenses 3:1-17 o elija su propio pasaje de la Escritura y memorícelo (¡De veras, cambiará su vida!).

HACERLO PERSONAL

Escriba el pasaje que eligió memorizar y explique que significa para usted. ¿Cómo afecta su relación con Dios? ¿Qué es lo que siente que Dios quiere enseñarle ahora mismo con estos versículos? Tómese la costumbre de reexaminar estos versículos diariamente.

APÉNDICE A
NOMBRES Y ATRIBUTOS
DE DIOS

Abogado (1 Juan 2:1)
Todopoderoso (Apocalipsis 1:8; Mateo 28:18)
El Alfa y la Omega (Apocalipsis 1:8; 22:13)
La propiciación por nuestros pecados (1 Juan 2:2)
Autor y consumador de la fe (Hebreos 12:2)
Autor de la vida (Hechos 3:15)
Autor de la salvación (Hebreos 2:10)
El principio y el fin (Apocalipsis 22:13)
Bienaventurado y solo Soberano (1 Timoteo 6:15)
Pan de vida (Juan 6:35, 48)
Cabeza del ángulo (Hechos 4:11; 1 Pedro 2:7)
Piedra del ángulo (Efesios 2:20)
Príncipe de los pastores (1 Pedro 5:4)
Cristo (1 Juan 2:22)
Creador (Juan 1:3)
Libertador (Romanos 11:26)
Vida eterna (1 Juan 1:2; 5:20)
Padre eterno (Isaías 9:6)
La puerta (Juan 10:9)
Fiel y Verdadero (Apocalipsis 19:11)
Testigo fiel y verdadero (Apocalipsis 3:14)
Testigo fiel (Apocalipsis 1:5)
El primero y el último (Apocalipsis 1:17; 2:8; 22:13)
El primogénito de los muertos (Apocalipsis 1:5)
Dios (Juan 1:1; 20:28; Romanos 9:5; Hebreos 1:8; 2 Pedro 1:1; 1 Juan 5:20)
El buen pastor (Juan 10:11, 14)
Sumo sacerdote (Hebreos 4:14)
El gran pastor (Hebreos 13:20)
Cabeza de la Iglesia (Efesios 1:22; 4:15; 5:23)
Heredero de todo (Hebreos 1:2)
Sumo sacerdote (Hebreos 2:17)
Santo y Verdadero (Apocalipsis 3:7)
Santo (Hechos 3:14)
Nuestra esperanza (1 Timoteo 1:1)
Esperanza de gloria (Colosenses 1:27)
Cuerno de salvación (Lucas 1:69, VRV antigua)

Yo soy (Juan 8:58)
Imagen de Dios (2 Corintios 4:4)
Rey de siglos (1 Timoteo 1:17)
Rey de Israel (Juan 1:49)
Rey de reyes (1 Timoteo 6:15; Apocalipsis 19:16)
Rey de los santos (Apocalipsis 15:3)
Rey de los judíos (Mateo 27:11)
Cordero (Apocalipsis 13:8)
Cordero de Dios (Juan 1:29)
Cordero sin mancha (1 Pedro 1:19)
El postrer Adán (1 Corintios 15:45)
La vida (Juan 14:6; Colosenses 3:4)
La luz del mundo (Juan 8:12)
León de la tribu de Judá (Apocalipsis 5:5)
El que vive (Apocalipsis 1:18)
Piedra viva (1 Pedro 2:4)
Señor (2 Pedro 2:20)
Señor de todos (Hechos 10:36)
Señor de la gloria (1 Corintios 2:8)
Señor de señores (Apocalipsis 19:16)
Jehová, justicia nuestra (Jeremías 23:6)
Hombre celestial (1 Corintios 15:48)
Mediador del nuevo pacto (Hebreos 9:15)
Dios fuerte (Isaías 9:6)
Estrella de la mañana (Apocalipsis 22:16)
Linaje de David (Apocalipsis 22:16)
Hijo unigénito (Juan 1:18; 1 Juan 4:9)
Gran Dios y Salvador (Tito 2:13)
Nuestra santificación (1 Corintios 1:30)
Nuestro esposo (2 Corintios 11:2)
Nuestra protección (2 Tesalonicenses 3:3)
Nuestra redención (1 Corintios 1:30)
Nuestra justificación (1 Corintios 1:30)
Nuestra Pascua (1 Corintios 5:7)
El poder de Dios (1 Corintios 1:24)
La principal piedra del ángulo (1 Pedro 2:6)
Príncipe de paz (Isaías 9:6)
Profeta (Hechos 3:22)
La resurrección y la vida (Juan 11:25)
El vástago justo (Jeremías 23:5, NVI)
El justo (Hechos 7:52; 1 Juan 2:1)
La roca (1 Corintios 10:4)
La Raíz de David (Apocalipsis 5:5; 22:16)
Principio de la creación de Dios (Apocalipsis 3:14)

Soberano de los reyes de la tierra (Apocalipsis 1:5)
Salvador (Efesios 5:23; Tito 1:4; 3:6; 2 Pedro 2:20)
Hijo de David (Lucas 18:39)
Hijo de Dios (Juan 1:49; Hebreos 4:14)
Hijo del hombre (Mateo 8:20)
Hijo del Altísimo (Lucas 1:32)
Autor de eterna salvación para todos los que lo obedecen (Hebreos 5:9)
El mediador (1 Timoteo 2:5)
La piedra rechazada por los edificadores (Hechos 4:11)
Verdadero pan del cielo (Juan 6:32)
La luz verdadera (Juan 1:9)
La vid verdadera (Juan 15:1)
La verdad (Juan 1:14; 14:6)
El camino (Juan 14:6)
Sabiduría de Dios (1 Corintios 1:24)
Admirable consejero (Isaías 9:6)
La Palabra de Dios (Apocalipsis 19:13)
El Verbo de vida (1 Juan 1:1)

NOTAS

CAPÍTULO 1
1. Marcos 8:36

CAPÍTULO 2
1. Pedro 2:2

CAPÍTULO 3
1. Filipenses 4:19
2. Lucas 22:42
3. Lucas 22:44
4. Gerald G. May, *Adicción y Gracia* (San Francisco: Harper & Row, 1988).

CAPÍTULO 4
1. 2 Corintios 10:5
2. Efesios 5:15-16
3. Juan 10:10
4. Efesios 3:16-21
5. Santiago 4:6-8
6. Santiago 1:19-20
7. Efesios 4:29
8. Proverbios 4:23
9. Proverbios 3:5-6
10. Ver Gálatas 5:22-23.
11. Gálatas 5:25.
12. Colosenses 3:3
13. Ver Daniel 7:14.
14. 2 Timoteo 1:7
15. Ver Juan 8:32.
16. Colosenses 3:2
17. Job 31:1
18. Ver Proverbios 4:23.

CAPÍTULO 5
1. Ver Filipenses 1:6.
2. Marcos 12:30-31
3. Ver Mateo 22:36-40.
4. Las 5 M están adaptadas de mi libro *Gozo Que Perdura* (Grand Rapids: Zondervan, edición revisada, 2000). Allí se puede encontrar un debate más completo de las 5 M.

5. Ver Efesios 2:10
6. 1 Tesalonicenses 5:18
7. James 1:2-4
8. Ver Mateo 5:45.
9. Ver Job 1:6-12
10. Job 42:1-3

CAPÍTULO 6

1. M. Scott Peck, *The Road Less Traveled [El Camino Menos Transitado]*, segunda edición Touchstone (Nueva York: Touchstone, 1998), 15.
2. Lucas 21:17, 19
3. Filipenses 4:19
4. Hebreos 5:8-9
5. Santiago 1:4
6. 1 Tesalonicenses 5:18

CAPÍTULO 7

1. Ver Mateo 6:25-34; 10:29-31; Lucas 12:6-7, 27-31.
2. Santiago 1:5
3. Santiago 3:17
4. Don Colbert, *Deadly Emotions: Understand the Mind-Body-Spirit Connection That Can Heal or Destroy You [Emociones Mortíferas: Comprenda la Conexión Mente-Cuerpo-Espíritu Que Puede Sanarlo o Destruirlo]* (Nashville: Nelson, 2003), 140–142.
5. Ibíd., 141–142.
6. Linda Song, Gary Schwartz y Linda Russek, "Heart-Focused Attention and Heart-Brain Synchronization: Energetic and Physiological Mechanisms" ["La Atención Enfocada en el Corazón y la Sincronización entre el Corazón y el Cerebro: Mecanismos Energéticos y Fisiológicos"] en *Alternative Therapies in Health and Medicine [Terapias Alternativas en Salud y Medicina]*, 1998, volumen 4, número 5, 44–62.
7. Proverbios 4:23
8. Filipenses 4:13.
9. Ver Proverbios 3:5-6.
10. Santiago 1:19

CAPÍTULO 8

1. Lucas 22:42
2. Emilie Griffin, *Clinging: The Experience of Prayer [Aferrado: La Experiencia de la Oración]* (New York: McCracken, 1994), 13.
3. Santiago 4:8
4. Romanos 12:2
5. William Law, *The Spirit of Prayer [El Espíritu de la Oración]* (1749), parte 1,

capítulo 2, oración 1.2–23; El texto de este libro se puede encontrar en Internet en: www.spiritofprayer.com/wlaw02.php.

6. Romanos 5:1-2.

7. Watchman Nee, *The Normal Christian Life* [*La Vida Cristiana Normal*] (Wheaton, IL.: Tyndale, 1977), 143.

8. Gálatas 2:20.

9. 1 Pedro 1:6-7

10. 1 Timoteo 4:7-8

11. Filipenses 3:12

MEDITACIONES SOBRE COLOSENSES 3

1. Colosenses 3:1.

2. Ver Gálatas 5:22-23.

3. Ver Filipenses 4:19.

4. Apocalipsis 19:11, 16

5. Colosenses 3:5, 8.

6. Ver Mateo 19:26; Filipenses 4:13.

7. Ver 1 Pedro 1:14-15.

8. Ver Gálatas 5:16.

9. 1 Juan 2:15.

10. Mateo 7:1-2.

11. Ver Romanos 13:8.

12. Ver Romanos 13:9-10.

13. Ver 1 Corintios 13:13.

14. Ver Proverbios 3:34; Santiago 4:6.

ACERCA DEL AUTOR

El Dr. Gary Smalley, cofundador y presidente del directorio del Centro de Relaciones Smalley (Smalley Relationship Center), es un prominente experto norteamericano sobre relaciones familiares. Es autor y coautor de más de cuarenta libros, incluyendo los éxitos editoriales *Marriage for a Lifetime (Matrimonio de por Vida)*, *Secrets to Lasting Love (Los Secretos del Amor Duradero)*, y *The Blessing (La Bendición)*. Sus publicaciones previas incluyen los éxitos *The DNA of Relationships (El ADN de las Relaciones)*, *Men's Relational Toolbox (La Caja de Herramientas Relacionales de los Hombres)*, *Food and Love (Comida y Amor)*, *Bound by Honor (Comprometidos por el Honor)*, y la serie de ficción *Redemption (Redención)* escrita en coautoría con Karen Kingsbury.

Además de su Maestría del Bethel Theological Seminary, Gary ha recibido dos títulos Doctorales honorarios, uno de Biola University y el otro de la Southwest Baptist University por su trabajo con parejas.

En sus treinta años de ministerio, Gary ha participado en programas de televisión tales como *Oprah*, *Larry King Live* y *Today*, así como también en numerosos programas de radio emitidos nacionalmente. Gary ha producido películas y videos que se han vendido por millones. Gary y su esposa, Norma, han estado casados por cuarenta y dos años y viven en Branson, Missouri. Tienen tres hijos adultos y ocho nietos.

EL ADN DE LAS RELACIONES
POR EL DR. GARY SMALLEY

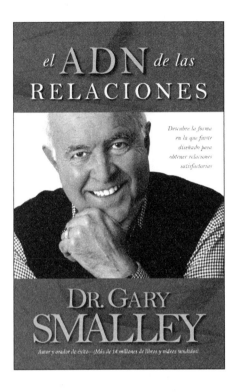

¿ALGUNA VEZ SE SINTIÓ COMO SI ESTUVIERA . . .

REPITIENDO LOS MISMOS ERRORES EN SUS RELACIONES?

EL DR. GARY SMALLEY LE ACONSEJA SOBRE LOS POR QUÉS Y LOS CÓMOS DE LAS RELACIONES:

· Descubra la 'Danza del Miedo' que se desarrolla en toda relación.

· Aprenda cómo establecer relaciones saludables.

· Cultive los hábitos apropiados para cuidar de sus necesidades emocionales.

· Aprenda cómo prestar atención a las emociones de otros.

Por el Dr. Greg Smalley y el Dr. Robert Paul

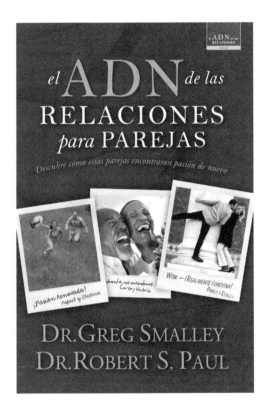

A través de las historias de cuatro parejas ficticias, Greg Smalley y Robert Paul le ayudarán a corregir peligrosos hábitos de conducta en su relación conyugal. Las vidas de las parejas analizadas en este libro, demuestran cómo romper con la 'Danza del Miedo,' crear relaciones conyugales saludables, entender las emociones de su pareja y mucho más. Lo valioso de este libro está en el empleo de historias conyugales para ayudarlo a desarrollar una verdadera relación matrimonial.

Disponible 2007

EL CENTRO
DE RELACIONES SMALLEY

El Centro de Relaciones Smalley que fue fundado, por Gary y Norma Smalley, ofrece una variedad de recursos y de eventos para ayudar a fortalecer todas las relaciones humanas. El instituto proporciona una gran riqueza de materiales, conferencias, variedad de temas y artículos para grupos y soporte diario vía Internet. Los recursos incluyen libros, vídeos, DVDs y pequeños seminarios para parejas, padres de familia y personas solteras. Los seminarios matrimoniales, dirigidos por el Dr. Gary Smalley y el Dr. Greg Smalley, son organizados en ciudades a través de todos los Estados Unidos.

Recursos y Eventos:

• Series de vídeo, incluyendo el famoso clásico de venta editorial *Keys to Loving Relationships [Pautas para las Relaciones Amorosas]* y *Secrets to Lasting Love [Los Secretos del Amor que Perdura]*.

• Treinta y ocho éxitos editoriales, incluyendo *The DNA of Relationships [El ADN de las Relaciones]* y el último libro matrimonial *I Promise [Prometo]*.

• Recursos para pequeños grupos, incluyendo *The DNA of Relationships [El ADN de las Relaciones]*, *Homes of Honor [Hogares Honorables]* y el último programa matrimonial *I Promise [Prometo]*.

• Enriquecimiento relacional vía Internet a través de más de cuatrocientos artículos, cartas semanales y consejería semanal sobre las relaciones.

• Seminarios matrimoniales 'en vivo' para iglesias.

Para conseguir más información sobre estos recursos o para averiguar sobre los seminarios en vivo, visite la página www.smalleyonline.com or llame al teléfono (800) 84-TODAY (848-6329).